Wilfried Kähler – QUER

Wilfried Kähler

Quer

Die Deutsche Bibliothek - CIP-Einheitsaufnahme

Kähler, Wilfried:
Quer . 2004 . ISBN 3-8334-2406-0

© Wilfried Kähler, Rendsburg, 2004
Gedruckt auf säurefreiem, alterungsbeständigem Papier nach ISO
9706
**Herstellung und Verlag: Books on Demand GmbH, Norder-
stedt**
Printed in Germany

Inhalt:

Ein Sterbezimmer in einem Pflegeheim: die Tür leicht geöffnet, gegenüber die Pflegedienststation – auf dem Nachttisch vier, fünf persönliche Utensilien, Relikte eines Zuhause-Seins, eines längst aufgelösten, unerreichbaren Daheims, eher Gegenstände des Schmerzes also, denn des Trostes, Zeugen unwiderruflichen Einfügens in eine fremdgestimmte Umgebung aus zusammengewürfelten Personen.

Langsame, schleppende Bewegungen bestimmen das Umfeld im Heim, wenige nur sprechen, eher ein leises Vor-sich-hin-Murmeln, jemand am Tropf starrt regungslos auf ein Fernsehprogramm: stummes Warten auf das nächste größere Ereignis – den Nachmittagskaffee.
Allgemein eine Atmosphäre des Rückzuges, die Angst macht, in der ich stark die gänzlich andere Orientierung von Patient und Besucher empfinde: Der letztere möchte und kann – vorerst noch – der niederdrückenden Stimmung entfliehen, will abschütteln und sich wieder dem Seinen zuwenden.

Es ist Abend geworden, eine Kerze brennt und wirft ein kärgliches Licht in den Raum. Die Sterbende liegt auf dem Rücken, – wenn sie hin und wieder den dünnen Arm ein wenig anhebt, scheint die welke, schlaffe Haut von den Knochen fallen zu wollen, – das Gesicht hager, eingefallen, altersfleckig, der Mund weit geöffnet, die Lippen trocken.
Der Atem geht laut röchelnd, ständig legt sich Schleim vor die Atemwege – von Zeit zu Zeit schließt die Sterbende den Mund, schluckt angestrengt, öffnet dabei ein wenig die Augen: fischigtrübe, glanzlose Augen, die nichts mehr wahrzunehmen scheinen.
Allmählich klappt der Unterkiefer wieder herunter und erneut setzt das stöhnende Röcheln ein: – dreiundzwanzig Stunden lang.

Im Tode wird gleichviel, wie und wofür, ja sogar, ob einer überhaupt gelebt hat.

Einstimmung:

Nichts ist ohne Grund, warum es sei.
Nichts ist! *Ohne* Grund, warum es sei!

Künstlertum und Nachdenken über die Welt mögen auf den ersten Blick verschiedene Dinge sein, allerdings „nimmt Philosophie eine Zwischenstellung zwischen Kunst und Wissenschaft ein"[1], und des Künstlers tiefstes Motiv wiederum ist auf Veränderung des als ungerecht empfundenen Bestehenden gerichtet, womit er zugleich kritischem Denken verpflichtet sein sollte.
Ich spreche als freischaffender Künstler, der Weg und Ziel seines Schaffens benennen möchte, der also um eine eigenständige philosophische Sicht bemüht ist und die Voraussetzung dafür, eine weniger emotionsbehaftete Denkweise, in einem durch Kunst vermittelten Gestimmtsein[2] findet.
Der Philosophie habe ich mich zugewandt, weil religiöse Antworten bedingungslosen Glauben voraussetzen: Ich aber will begreifen!

In den Jahren 1997 und 1999 sind zwei meiner Essays – „Nichts"[3] und „Anregungen zu einer Psychopathologie der Philosophie"[4] – im Fachverlag Königshausen & Neumann, Würzburg, veröffentlicht worden. Beide Werke befassen sich mit philosophischen Konklusionen aus dem naturwissenschaftlichen Weltbild eines zufallsgegründeten Universums in zueinander kontradiktorischen Energiebereichen: eines in sich nichtigen, endlichen und unbestimmten Weltalls; im Jahre 2003 habe ich bei Books on Demand, Norderstedt, eine neu überdachte Zusammenfassung unter dem Titel „Im Abgrund des Nichts . Philosophische Studie über die Bewältigung der Seinsunsicherheit"[5] in einer zweiten, überarbeiteten Auflage herausgegeben: Soweit dieser oder jener Sachverhalt in dem nun folgenden, wiederum weiterführenden Bändchen, das zugleich eine Art Rückschau bilden soll, zu kurz kommt, darf ich ausdrücklich auf das letztgenannte Buch verweisen.

Wir bräuchten wieder eine Philosophie, die auf neuere naturwissenschaftliche Erkenntnisse reagiert und abermals die alten Fragen der Menschheit nach dem Wozu ihres Daseins aufwirft, statt sich vorwiegend in lediglich historische Betrachtungsweisen zu verlieren.

Es geht ja nicht nur darum, eine partielle Sinnkrise, wie etwa nach den Verwerfungen des zweiten Weltkrieges, aus einem historischem Bewußtsein aufzuarbeiten, sondern viel tiefgehender Antworten und Verhaltensweisen aufgrund von Einsichten zu finden, die alles bisher Geglaubte bzw. Erhoffte in Frage stellen, mithin das gesamte Sein des Menschen zu überdenken.

Nach der Begründung des kopernikanischen Weltbildes, das den Menschen in eine universale Randposition brachte, nach den atheistischen Philosophien eines Schopenhauer oder Feuerbach, nach Darwins Verweisung des Menschen in einen evolutionären Tierstammbaum und Freuds Unbewußtem, wonach der Mensch noch nicht einmal Herr im eigenen Hause sei, müssen wir nun auch noch diese, vielleicht letzte Kränkung eines anthropozentrischen Weltbildes hinnehmen, daß nämlich diese Welt genau genommen gar nicht ist und nur auf diese Weise „sein" konnte.

Meine Schriften kreisen immer wieder um ein und denselben Leitgedanken: Wie kann der seiner Gefühlswelt verhaftete, d.h. allgemein von der Hoffnung auf die Überwindung seines Todes getragene, also auf eine Wirklichkeit in Ewigkeit setzende Mensch in einer nur scheinbar wirklichen, zudem endlichen Welt, die er als einen Abgrund empfinden muß, dennoch existieren und sein ephemeres Dasein in aller Kraft der Persönlichkeit ausschöpfen? Im Laufe der Jahre ist mir immer deutlicher geworden, in welch ungeheuerem Ausmaß das Denken des Menschen und damit auch nahezu alle bisherigen Antworten von seinen Wünschen resp. Erwartungen, die zu einem Großteil aus älteren Hirnregionen, voran das limbische System, stammen, bestimmt wird: Menschen fragen ja offenbar allein deshalb weiter und immer weiter, um von Mal zu Mal immer gewissere Bestätigungen des von ihnen Erhofften zu finden.

Die größte Sorge des sich seiner selbst bewußten Menschen und demzufolge das Hauptthema seiner philosophischen Reflexionen wie auch seiner religiösen Illusionen ist sein Tod, sein ganzes Streben richtet sich darauf, der Ungewißheit, was danach komme, zu begegnen.

Den Sinn seines Lebens verbindet er mit der Erwartung, aller gegenteiligen Erfahrung zum Trotze über seine diesseitige Existenz hinausreichen zu können.

Nichts schreckt uns, die wir wesentlich aus Willen zum Leben fühlen, denken und handeln, mehr als unsere eigene Nichtigkeit und Endlichkeit – von daher *soll* es eine *wahrhafte*, zudem *ewige Wirklichkeit* geben, ein Beharrendes im Wechsel der Erscheinungen!
Nichts lähmt unser Zutrauen mehr als die Abhängigkeit von planlosem Zufall – daher *soll* die Welt in einer möglichst *kausalen Ordnung* sein: erkennbar und also beherrschbar!
Auf uns selbst bezogen allerdings darf es keine Kausalität geben, *willensfrei wollen* wir sein!

Bloße Wahrheit ist demgegenüber durchaus nicht ohne weiteres erstrebenswert; sie hat vielmehr einen quasi asozialen Aspekt, insofern als sie Konflikte zwischen Erwartung und Realität bewußt macht, Kontroversen, an denen sich die Geister regelmäßig scheiden: Die Allgemeinheit neigt dazu, solche Bereiche zu tabuisieren – noli me tangere – resp. Illusionen auszubilden, denkt und handelt also in gewollter Blindheit bzw. aus einem Wahn heraus. Im Widerstreit zwischen Erwartung und Realität geben wir uns regelmäßig Phantasien hin – bis hinein in die Philosophie: Hoffenwollen bestimmt – und verw-irrt, um einen potentiellen Ausdruck Heideggers zu gebrauchen – unser aller Denken. Können wir überhaupt angesichts eines in Gänze vergänglichen Daseins der Welt, uns darin eingeschlossen, nach einem Sinn des Ganzen fragen?

Geradezu bezeichnend für das Verhalten im Konflikt ist ein Beitrag des sonst so verdienten Nobelpreisträgers Sir John C. Eccles. Eccles[6] geht es um die Definition der Einmaligkeit des eigenen Selbst, die ihm, dem Gehirnphysiologen, aus materialistischer Sicht nicht darstellbar erscheint. Also setzt er aus der Gewißheit, verstärkt als „primäre" Gewißheit, daß man als selbstbewußtes Wesen existiert, auf eine übernatürliche, spirituelle, göttliche Schöpfung, die in der Form einer Seele dem heranwachsenden Fötus zwischen Empfängnis und Geburt eingepflanzt werde: „Es ist die Gewißheit des inneren Kerns der einmaligen Individualität, welche die göttliche Schöpfung notwendig macht."

Unter einer Gewißheit würde ich eine Annahme verstehen, die mit einem so hohen Gefühlsanteil zwangsbehaftet ist, daß nichts anderes in Frage kommt: eine Sicherheit ohne Wenn und Aber, die derartig blind macht, daß einer sogar auf völlig unbeweisbare metaphysische Unterstellungen abhebt, bis endlich befriedet erscheint, was man durchsetzen wollte.
Psychopathologisches in den Quintessenzen aus der Naturwissenschaft – und man kann nur „hoffen", nicht selbst einer derartigen Gewißheit unterlegen zu sein.

Während normalerweise illusionärer Glaube hinreicht, um im Wahn leben zu können, verlangen insonderheit Philosophen nach rationaler Begründung. Im Kern aber geht es der Philosophie ganz ebenso eher darum, das Gewünschte und bislang im Mythos nur Geglaubte durch eine nachvollziehbare Beweisführung zu untermauern, ohne jedoch auf den trostreichen Inhalt verzichten zu wollen: ein Vorhaben also, das nachgerade einer Quadratur des Kreises gleichkommt und regelmäßig zu Lasten der Vernunft gelöst wird, indem man das zutiefst Gewollte, a priori gesetzt, außer Frage stellt, um alsdann ganz rational weiterfolgern zu können – Philosophie als die rationalere Variante der Theologie.
Nur ein Beispiel: Conditio sine qua non unseres Selbstbewußtseins ist Seinssicherheit – diese Bedingung wird folglich zu einer das Ergebnis im vorhinein verpflichtenden Prämisse aller ontologischen Betrachtungen.
Schelling hat das Problem auf den Punkt gebracht: Warum ist überhaupt etwas und nicht vielmehr nur nichts? – wobei bereits die Art der Fragestellung die noch vor allem Fragen liegende Gewißheit von einer wahrhaften Realität verrät.
So ist die typische philosophische Reaktion auf den Satz des altgriechischen Dichters Alkaios, wonach aus Nichts nur Nichts werde, daß das Sein ja dann wohl unentstanden und seit ewiger Zeit vorhanden sein müsse: Die doch durchaus gleichrangige Schlußfolgerung, daß, wenn aus Nichts nur Nichts werde und Nichts den Anfang darstelle, dann auch das Sein selbst allenfalls

eine Art Variante von Nichts sein könne, wird in der Philosophie praktisch nicht behandelt.

Geradeso verhalten wir uns auch in anderen Fragen, etwa in Bezug auf die Verstehbarkeit des Geschehens: Chaos und Zufall werden zur Seite gedrängt; wir versuchen, mit Kant zu reden, der Natur das Gesetz vorzuschreiben und eine Ordnung hineinzubringen, erfinden das Kausalitätsprinzip, um alsdann befremdet feststellen zu müssen, daß wir damit auch selbst einem Determinismus unterworfen wären, der jedwede Willensfreiheit, die wir als Krone der Schöpfung selbstverständlich in Anspruch zu nehmen glaubten, ausschlösse.
Um dennoch beides zu haben, phantasieren wir ein unerkennbares An sich hinter der kausal bestimmten Erscheinungswelt, verlagern die Willensfreiheit dorthin und wundern uns nicht einmal, daß wir sie auf diese Weise realiter nie erfahren.

So groß ist der Vorrang des Wollens vor dem Denken, daß wir rebellierender Vernunft in der Not einen Maulkorb mit der Philosophie von einem Transzendenten, „höher als alle Vernunft", anlegen, also ein über bloße Vernunft Hinausreichendes postulieren: Wenn die Vernunft nicht begreifen will, wie denn aus Nichts ein Etwas werden solle, wenn sie nach fortwährendem Fragen: Warum? – an den Beginn der von ihr selbst entworfenen Kausalkette geeilt, noch nicht einmal einen ersten Grund, mit dem alles Geschehen seinen Anfang nehmen könnte, anzugeben wußte, „denn jede Ursach ist eine Veränderung, bei der man nach der ihr vorhergegangenen Veränderung, durch die sie herbeigeführt worden, nothwendig fragen muß, und so in infinitum, in infinitum!"[7], ja dann bleibt für den vorrangig wollenden, erst nachrangig vernünftigen Menschen offenbar nichts anderes übrig, als wieder in den Mythos zurückzusinken, aus dem er sich kraft rationaler Philosophie soeben erst gelöst wähnte.

Es ist dies die uralte Crux in der Geschichte menschlichen Denkens: der Seeschnecke Aplysia entsprechend, die ihre Fühler blitzschnell einzieht, sobald sie mit kaltem Wasser übergossen wird –, daß es im Konflikt zwischen hoffender Erwartung und enttäuschender Realität, mal zur einen mal zu anderen Seite wankend, sich letztlich immer, insonderheit in existentiell bedrohlichen Situationen, in ein Übersinnliches, ein Immaterielles, in die platonischen Ideen als die sinnliche Welt transzendierende Wesenheiten etc. verliert.

Schon Sigmund Freud führte zu Recht aus, daß „das Phantasieleben, das seinerzeit als sich die Entwicklung des Realitätssinnes vollzog, ausdrücklich den Ansprüchen der Realitätsprüfung entzogen wurde und für die Erfüllung schwer durchsetzbarer Wünsche bestimmt blieb."[8]

Auch Künstler wissen mitunter Tagträume zu schätzen, die ihnen unverzichtbare Hilfe in einem Meer der Aussichtslosigkeit sind: Der entscheidende Unterschied bemißt sich an der Fähigkeit, aus einem Illusionsgebilde heraustreten zu können, bevor es permanenten Charakter annimmt.

Die ganze menschliche Philosophie ist voll von aplysischer Metaphysik, in deren mystischem Dunkel selbst so unvereinbare Dinge wie Kausalität und menschliche Willensfreiheit nahtlos zusammengebracht werden konnten.

Der Gedanke der Kausalität beinhaltet im übrigen eine besonders schwer zu nehmende Festung: Wir brauchen den kausalen Zusammenhang, demzufolge eine Wirkung allein als Folge einer bestimmbaren Ursache eintritt: und nicht einfach nur so –, um das Geschehen in der Welt, nicht lediglich anschauend hinnehmen zu müssen, sondern begreifend zu erkennen, zu verstehen. Alsdann könnten wir selbst auch eingreifen – und die Ereignisse beherrschen. Bloßer Zufall entließe uns in eine gänzliche Hilflosigkeit.

Nun hat sich das kausale Denken in der täglichen Praxis ja auch derart glänzend bewährt, daß es uns allen gewissermaßen in Fleisch und Blut übergegangen ist, und so wittern wir selbst hinter dem quantenphysikalischen Begriff der Wahrscheinlichkeit, der nun in der Tat allem Geschehen zugrunde liegt und ein Zufallsmoment einführt, was ja nichts weiter heißt, als daß eben gerade *kein* Grund anzugeben ist, dennoch immer noch eine verborgene Kausalität.

Gewohnt, kausal zu denken, versuchen wir, dem Geschehen eine Art statistischer Kausalität beizumessen, um nur ja das Unvorhersehbare in den Griff zu bekommen und uns nicht darauf einlassen zu müssen, daß eben auch Imponderabilien unseren Weg bestimmen.

So läßt sich beispielsweise unstrittig sagen, daß nach Ablauf der Halbwertzeit die Hälfte aller Atome eines radioaktiven Elements zerfallen sein wird, ohne daß einer sagen könnte, wie sich ein spezielles Atom verhalten werde, ebenso wie unbestreitbar ist, daß in der BRD im kommenden Jahre eine ziemlich genau bestimmbare Anzahl Menschen an Lungenkrebs sterben wird, ohne daß ein einzelnes Ich irgend etwas von dieser Aussage hätte.

Ein wenig sarkastisch gesagt, gibt es in der Philosophie eigentlich nur drei Erkenntnisse von wirklicher Bedeutung:
- den bereits erwähnten Satz des Alkaios, wonach aus Nichts nur Nichts wird,
- die Gegensatzlehre des Heraklit und
- den Satz des Anaximander, der in Nietzsches Übersetzung so lautet: „Woher die Dinge ihre Entstehung haben, dahin müssen sie auch zugrunde gehen, nach der Notwendigkeit; denn sie müssen Buße zahlen und für ihre Ungerechtigkeiten gerichtet werden, gemäß der Ordnung der Zeit"[9] und der uns bedeutet, daß wir zurückzugeben haben, was wir als Seiende gewannen.

Es sind diese drei Gedankengänge, die, im nachhinein betrachtet, den Grundstock meiner philosophischen Bemühungen bildeten; ich schreibe für die wenigen, die im Konflikt bestehen bzw. zunächst einmal möglichst vorurteilsfrei analysieren wollen, was ist, um alsdann erst zu entscheiden, wie man sich darauf einstelle resp. für diejenigen, die ihre Emotionalität nicht lediglich mit dumpfer Mystik, ebensolcher Metaphysik, mit bloß positivem Denken oder dgl. abzuspeisen gedenken.
Wir also wollen uns befleißigen, ganz in Vernunft und ggf. auch zu Lasten unserer hoffenden Emotionen das Wesen des Seins zu bestimmen.

In seinen Schriften „Eine kurze Geschichte der Zeit" und „Das Universum in der Nußschale"[10] zeigt der Physiker Stephen W. Hawking ein Erklärungsmodell auf, aus dem ich folgende Thesen ableite:

1. Die Welt – einschließlich unserer selbst darin – ist in sich nichtig!

Im Urknall ist Nichts, besser gesagt das Quantenvakuum, durch einen Zufall, d.h. ohne Einwirkung von oben, wie viele es nur allzugern gesehen hätten, beginnend mit der kleinstmöglichen Unregelmäßigkeit, die von der Unschärferelation zugelassen wird, in inflationärem Prozeß in entgegengesetzte Energien, in summa Null, gebrochen, die insgesamt und in sich diametral, manifestiert in den vier Naturkräften: der Gravitation einerseits und der schwachen und der starken Kernkraft sowie der elektromagnetischen Kraft andererseits – dieses unser Universum bilden.

Die zur Bildung der Materie unseres Universums notwendige Energie ist also *unter dem Strich* über den Anfangszustand von Nichts nicht hinausgegangen: In diesem Zusammenhang hat die beruhigende Versicherung der Thermodynamik, daß wenigstens davon nichts mehr verloren gehe, einen ganz besonderen Reiz.

Das Wesen des Seins ist gewissermaßen auseinandergebrochenes Nichts und über Nichts hinaus ist nichts weiter sonst; diese Welt existiert gleichsam nur virtuell als eine Variante von Nichts in divergenten, unter dem Strich zu Nichts sich aufhebenden Gegensätzen, so wie das Bargeld in meiner Hand und der aufgenommene Bankkredit zusammen doch nur Null ergeben, will sagen, ohne ein wahres Haben – und gliche im ganzen einem Potemkinschen Dorf.

2. Die Welt ist endlich!

Unser Universum begann mit dem Urknall vor ca. 13,7 Md. Jahren: Wenn etwas einen Anfang hat, steht zu vermuten, daß es auch ein Ende habe.

Das Quantenvakuum verharrt in diesem Modell aus makrokosmischer Sicht in einem quasi zeitlosen Zustand eines thermodynamischen Gleichgewichtes; Raum und Zeitpfeil einer vorwärts laufenden Zeit von einem Zustand niedriger Entropie hin zu anwachsender Entropie entstehen erst mit dem Urknall. Die Frage nach dem Zuvor entbehrte bei einem absoluten Beginn der Raumzeit ihrer Sinnfälligkeit.

Unklar ist derzeit, wie lange der sich gegenwärtig weiter beschleunigende Ausdehnungsprozeß, der das bestehende Entropiegefälle aufrechterhält, anhalten wird; allerdings entleerte sich ein stetig expandierendes Universum zugleich mehr und mehr.
Die Alternative wäre ein kontraktiler Rücksturz, der eine dem Urknall vergleichbare Katastrophe auslöste.

So oder so: Alles Bewußtsein, alles Leben bedarf Energie, um die Lebensfunktionen aufrechterhalten zu können; qualitativ hochwertige Energie wird in qualitativ niederwertige Energie überführt, womit irreversibel das Maß an Entropie vergrößert wird. Unaufhaltsam schreitet die Entropie weiter fort: Irgendwann einmal wird das Universum resp. zumindest alles Leben darin, in mangelnden Energiedifferenzen enden.

In die These von der Endlichkeit beziehe ich ein, daß der von der Quantenphysik prognostizierte Protonenzerfall das Ende aller Materie bewirken würde.

3. Die Welt ist unbestimmt!
Die Heisenbergsche Unschärferelation führt in den Ablauf allen Geschehens ein Element der Unvorhersagbarkeit ein, die das bisherige Kausalitätsmodell ablöst.
Der erste „Grund" des Universums ist weder eine Ursache noch bloßer Zufall, sondern bleibt unbestimmt.

Doch was ist der Philosophie schon Physik. Sie hat ja ihre ganz eigene Physik: die Metaphysik!"

Ich möchte noch einmal verdeutlichen, worum es mir geht. Natürlich und ganz unbestritten erleben wir uns in einer Wirklichkeit: Die duftende Narzisse (narcissus poeticus), auf die ich schaue, der Tisch, an dem ich sitze, sind ebenso wirklich wie ich selbst oder der Gedanke, den ich gerade zu Papier bringen will. Jedoch besteht alles, auch der Tisch, aus Energie: Alle Materie ist bekanntlich nur eine besondere Erscheinungsform der Energie. Die Energien aber wirken diametral und heben sich in ihrer Gesamtheit zu Null auf, daran besteht kein Zweifel.

Wenn wir feststellen, daß sich Nichts zu Beginn nie geändert, sondern nur verändert hat, so bliebe gleichwohl offen, wieso wir nicht Nichts in einem absoluten Sinne als gänzliche Abwesenheit von allem vor uns haben, sondern vielmehr *Nichts in Form einer Möglichkeit*, denn aus Nichts wird ja nur Nichts, also war zuvor doch ein Etwas?

Ich denke, wir können diesem Teufelskreis nur entrinnen, wenn wir uns zuvor verdeutlichen, aus welch zutiefst eingewurzelter kausaler Überzeugung wir überhaupt fragen – jedoch die Welt ist in ihrem tiefsten Kern eben nicht kausal, und wir müssen diese Erkenntnis verinnerlichen, um zu einer Lösung des Problems zu kommen.
Kausalität ergibt sich allenfalls auf makrokosmischer Ebene, auf der wir uns allerdings bewegen, in der Form statistischer Verdichtung von Einzelereignissen, wie am Beispiel der Halbwertzeit eines radioaktiven Elements gezeigt; wir sollten Abschied von unserer Gewohnheit nehmen, alles aus dem Blickwinkel der Kausalität verstehen zu wollen, um zu einem tieferen Weltverständnis zu gelangen.
Und das gilt ebenso für die Frage nach dem „Wozu", mit deren Beantwortung wir regelmäßig den Sinn unseres Daseins verbinden.

Die Unschärferelation Heisenbergs besagt, daß das Ergebnis der Messung von Position und Geschwindigkeit eines Teilchens unscharf bleibt. Je genauer man die Position eines Teilchens zu messen versucht, desto ungenauer mißt man seine Geschwindigkeit und umgekehrt.
Exakter: Die Unbestimmtheit in der Position eines Teilchens multipliziert mit der Unbestimmtheit seines Impulses muß stets größer sein als das Plancksche Wirkungsquantum.[11]

Akzeptieren wir diese Einsicht, so bietet sich ein vielleicht verblüffend einfacher Ausweg an: In einem selbst unscharfen, von Quanteneffekten bestimmten Ganzen folgert aus der Unbestimmtheitsrelation Heisenbergs, daß alles, was nicht ausgeschlossen ist, *irgendwann werden kann*!
Da eine endliche, nur scheinbare Wirklichkeit aus einander zu Null sich aufhebenden Energien, anders als ein tatsächliches Et-

was aus Nichts, gegen keinen Erhaltungssatz verstößt, kann dieser Kosmos also werden – irgendwann: durch ein Ereignis, das wir – aus der Hilflosigkeit kausalen Denkens – bislang mit dem Begriff Zufall umschrieben.

Das Geschehen in der Welt ist weder kausal noch zufällig, sondern unscharf resp. unbestimmt; unser aller letzte Gewißheit für das Eintreten eines Ereignisses ist seine Wahrscheinlichkeit[12] – und ein Gleiches gilt natürlich auch für das Nichts:

So wie auf mikrokosmischer Ebene dennoch Ereignisse eintreten können, die kausal verboten wären: etwa, wenn ein Elektron eine unüberwindbare Barriere untertunnelt, um auf der anderen Seite aufzutauchen – so ist auch das Nichts ständigen Fluktuationen im Rahmen der Unschärferelation unterworfen, ohne deswegen im Ganzen mehr zu sein als eben nur Nichts.

Die Akzeptanz eines nicht restlos bestimmbaren, sozusagen unscharfen Universums ohne rechtes „Warum?" und „Wozu?" hat notabene weitreichende Folgen – bis hinein in unseren philosophischen Alltag und ist geeignet, uns unter Umständen von vorschnellem Schuldbewußtsein aus dem Glauben an scheinbare Zwangsläufigkeiten zu befreien. So etwa müßte in dem Satz „Wenn ich mich in dieser Situation anders verhalten hätte, wäre jenes nicht eingetreten", grundsätzlich nach dem Wort „wäre" ein „möglicherweise" eingefügt werden!

Ganz ebenso wie wir aufgrund der Unbestimmtheit der Welt nicht sinnvoll nach einem letzten Grund des Universums fragen können, verbietet sich ein Vorgreifen auf die Zukunft, was, nebenbei gesagt, wiederum bedeutet, daß wir aus der Geschichte weniger lernen können, als gemeinhin gedacht.

„Unsere Zukunft ist grundsätzlich offen", lautet ein Satz des Quantenphysikers Weizsäcker.

Der Gedanke, daß wir niemandem eine bloß nichtige Welt zu danken haben, daß weder Kismet, noch göttliche Vorsehung, noch Kausalität unser Leben bestimmen, daß die Unbestimmtheit der Welt ein spielerisches Element hineinbringt und eine in sich nichtige Existenz das einzig Mögliche darstellt, könnte wohl

---

[12] Computerfreaks, die mit Windows arbeiten, werden mir das gewiß bestätigen.

21

dazu beitragen, unser Leben ein wenig von Angst- und Schuldbelastungen zu befreien, von der Verkniffenheit zu lösen, wie sie einem planbareren, kausal bestimmten Leben zukäme und uns zu einer anderen Einordnung unserer selbst finden lassen: Ich habe mein Leben meinem Charakter entsprechend gelebt, was nützte ein charakterloses Zubrot?

Ein anderes Weltenmodell setzt, vermutlich um die Sehnsucht nach einer irgendwie doch vorhandenen Ewigkeit zu bestätigen, in der nach Hawking sinnfreien Frage: Was war zuvor? –, auf ein bereits vor dem Urknall Zuhandenes im Sinne eines Spin-Netzwerkes, das, selbst „nichts weiter als eine abstrakt beschriebene Beziehung"[13], als primitivere fundamentale Struktur die Grundlage für die Bildung von Raum und Zeit sowie auch von Energie/Materie bildete.

Womöglich wird damit jedoch lediglich eine Konstitutionsform für das Universum beschrieben, und es fragt sich, inwieweit eine Bedingung, unter der allein etwas in die Wirklichkeit tritt, selbst schon eine Existenz beinhaltet oder eben nicht mehr ist als nur die Feststellung, daß etwas, wenn überhaupt, halt nur so funktionieren kann.

Ein wiederum anderes Konzept[14] basiert auf einer in sich gekrümmten Raumzeit, in der das Universum sozusagen die Ursache seiner selbst würde und entgeht so dem Zwist zwischen absolutem Beginn und Ewigkeit: Die Raumzeit der Zeitschleife läge fast am absoluten Nullpunkt und erfüllte damit die Bedingung für einen Anfangszustand niedriger Entropie und somit gerichteter Zeit.

Die hier vorgestellten Entwürfe antworten unterschiedlich auf die Frage nach dem Zuvor: Einigkeit besteht darin, daß das Universum selbst mit der „Katastrophe" des Urknalls einen Anfang hatte, in einem Zustand niedriger Entropie begann und auch darin, daß die Materie/Energie unseres Kosmos in summa nichtig ist.

Kant:

Wir stehen vor der Aufgabe zu überdenken, wie mit einem derartigen Weltbild umzugehen sei, zu überlegen, ob und wie man sich darin einrichte.

Sind wir bereit, Modifikationen unserer bisherigen Anschauungen vorzunehmen?

Immer wieder begegnet mir in solchem Zusammenhange Immanuel Kant, der mir nachgerade als Prototyp des zwischen Erkennen und Wollen schwankenden Menschen gilt; versucht, sein Wollen unter strenge Rationalität zu stellen, ohne zu bemerken, daß sich auch darin ein Sicherheits*bedürfnis* widerspiegelt.

Als bekannt darf ich voraussetzen, daß Kant in der Kritik der reinen Vernunft das Erkenntnisvermögen beschrieb: Alle Erkenntnis beginne mit der Erfahrung, d.h. mit Empfindungen, die uns die Sinne lieferten, jedoch die Ordnung, die Empfindungen zu einer Vorstellung von der Welt füge, ergäbe sich durch a priori, also bereits *vor aller Erfahrung* bestehende Anschauungsformen von Raum und Zeit und durch die Verknüpfung der Anschauung nach den Gesichtspunkten der zwölf Kategorien, die von Arthur Schopenhauer späterhin sämtlich auf den Satz vom Grunde resp. auf das Kausalitätsprinzip: „Nichts ist ohne Grund, warum es sei resp. alles, was geschieht, hat eine Ursache" – zurückgeführt wurden.

Unter dem Primat des Ich-Bewußtseins (der Einheit der transzendentalen Apperzeption) werde so die Welt zu unserer Vorstellung von ihr, nur über die Vorstellung kann sich das Ich auf die Welt beziehen; wir erkennten alle Dinge nur als steter Veränderung unterworfene Erscheinung. Die eigentliche Ursache aller Erscheinung, die hinter der erkennbaren Erscheinung liegende unveränderliche, substantielle Wirklichkeit aber sei das für uns ganz unerkennbare Ding an sich als Verstandesbegriff.

Die Vernunft gerate in ihrem unvermeidlichen Bestreben, immer weiter zu fragen, schließlich in den großen Grundproblemen: „Gott, Freiheit und Unsterblichkeit" – an Grenzen, an denen sie sich notwendigerweise in Widersprüche verwickeln müsse, die Kant in der Kritik der reinen Vernunft in den sogenannten Antinomien behandelt. So sei etwa gleichermaßen beweisbar, daß die Welt einen Anfang habe, wie daß sie ewig sei, daß ein Zusammengesetztes aus einfachen Teilen bestehe, daß es Freiheit gebe und ein schlechthin notwendiges Wesen sei, wie eben auch nicht.

Wir könnten zwar Gott, Freiheit und Unsterblichkeit denken, deren Tatsächlichkeit aber sei nicht beweisbar.

Moses Mendelssohn apostrophierte Kant daraufhin als den „alles zermalmenden Kant", der Psychologe C. G. Jung[15] hingegen spottete über die Philosophen, die ihre Gott verneinende Philosophie im gleichen Atemzuge mit einer Ersatzbildung krönten.

In der Tat: Statt des welttranszendenten Gottes in christlichem Denken als ein Durch-sich-selbst und Von-sich-selbst-Sein, finden wir
  – bei Fichte den überindividuellen Kraftgrund des Einzelwesens,
  – bei Schelling die absolute Vernunft,
  – bei Hegel den absoluten Geist als dessen höchste Entwicklungsstufe, der sich selbst als Geist weiß und erfaßt
  – usw. usf.
Das Ding an sich mag Kants Gottesersatz gewesen sein und in Wahrheit war Kant wohl eher ein apollinischer Typus.

Kant opponiert gegen die traditionelle Metaphysik, fragt nach dem, was man sicher, „a priori und in völliger Isolation gegen die Erfahrung", wissen könne, um alsdann, speziell in seiner Moralphilosophie, Maximen von eben dem abzuleiten, wovon man nichts wissen könne, indem man sich so verhalte, wie wenn man etwas wüßte: Sonderlich konsequent ist das eigentlich nicht.

Nach meinem Dafürhalten war es Kant darum zu tun,
  – der eigenen schwächlichen Konstitution wegen die Welt in einer für ihn berechenbaren Ordnung zu verstehen: also eine *kausale* Welt zu gründen und
  – aus moralischen Überlegungen im Zusammenklang mit seinem pietistischen Elternhaus: Moral verlangt nach persönlicher Schuld vor der Bestrafung, Schuld wiederum setzt Wahlfreiheit zwischen gut und böse voraus, die es in einer kausalen Welt, in der das Han-

deln des Menschen absoluten Zwängen unterliegt, nicht geben kann –, dem Menschen Willensfreiheit in einer *akausalen* Welt zuzugestehen.

Da beides nebeneinander, in *einer* Welt einen Widerspruch beinhaltete, sah er sich gezwungen, hinter der erfahrbaren, vergänglichen Welt, in der wir leben, eine zweite Welt, die des An sich, vorauszusetzen. Nur so ging das Unvereinbare *wunschgemäß* zusammen, doch um den Preis einer offensichtlichen Fiktion, die allerdings dem allgemeinen philosophisch-theologischen Verlangen nach einem über alle Vergänglichkeit Hinausreichenden entsprach.

Das, Kant zufolge, gänzlich unerkennbare An sich wird aus rein sittlichen Erwägungen, aller Unerkennbarkeit zum Trotze, dennoch mit einer Definition, derjenigen der Akausalität, verbunden, um alsdann darin die Willensfreiheit des Menschen in einem sogenannten intelligiblen Charakter abzulegen, was beinhaltete eine Freiheit ohne jedes Bewußtsein davon, also eigentlich gar keine Freiheit, denn man fragt sich, was einer davon habe, realiter im Kerker der Zwänge, den Palast der Freiheit lediglich als Unerfahrbarkeit, also bestenfalls im Reich der Phantasie, erleben zu dürfen.

Seine Transzendentalphilosophie als eine Wissenschaft von den Grenzen der Vernunft sollte verhindern, daß die Vernunft auf Gebiete übergreift, auf denen keine allgemein verbindlichen Aussagen möglich sind. Daher gedachte Kant, in sein Werk keinerlei „Begriffe der Lust und Unlust, der Begierden und Neigungen"[16] aufzunehmen, ausschließlich auf von allem Empirischen völlig gereinigter Erkenntnis a priori zu bauen, unterlag allzu offensichtlich aber einer anderen Neigung: einem stark ausgeprägten Ordnungsstreben, das ihn gleichsam blind machte für das Zufällige und Chaotische im Naturgeschehen: Es wimmelt nur so von unerschütterlichen Apriori, unsterblichen Maximen, ehernen Pflichten, felsenfesten Prämissen, ordnenden Kategorien, Prinzipien und Postulaten; es gibt den kategorischen Imperativ usf.

Bei aller Zermalmerei kam Kant letztlich einem menschlichen Grundverlangen, dem nach Sicherheit, nahe, woraus sich vermutlich seine starke, bis heute anhaltende Wirkung erklärt: Ohne solches Entgegenkommen wäre in dieser unserer Gesellschaft wahrscheinlich kaum etwas von ihm überliefert.

Dennoch bleibt es das große Verdienst dieses Philosophen, obwohl von Beginn an „in die Metaphysik verliebt", zumindest den Versuch gemacht zu haben, nüchtern, ohne bloß wunschgeborene Vorspiegelungen, auf die Frage zu antworten, was man eigentlich sicher wissen könne, nachdem er aus „dogmatischem Schlummer erwacht", so wie auch, gerade in seiner Zeit, außerordentlicher Mut dazu gehörte, den sogenannten Gottesbeweisen den Garaus gemacht zu haben.

Die Transzendentalphilosophie Kants wollte der Natur das Gesetz vorschreiben und setzt sich im Rang vor die lediglich auf Erfahrung zurückgeworfenen Naturwissenschaften, indes den eigentlichen Hintergrund der Überlegungen Kants bildete zweifelsohne die Physik Newtons in klar umrissenen Vorstellungen von Raum, Zeit und Kausalität.

Mittlerweile sind die Naturwissenschaften weiter vorangeschritten, womit manches von dem, was bei Kant (und Newton) noch zu Antinomien führte, als aufgeklärt gelten kann:

So wissen wir, daß die Welt sich vor ca. 13,7 Milliarden Jahren mit dem Urknall entfaltete, womit zugleich Raum und Zeit überhaupt erst entstanden. Der Frage nach dem An sich der Welt entspräche die nach dem Zuvor, ein Fragen, das auf ein Nichts mit Möglichkeiten zielt: Im Gegensatz zu Kant ist dieses Zuvor theoretisch erfaßbar, so sehr manche Konzepte derzeit noch voneinander abweichen. Für alles weitere Fragen: etwa nach dem An sich eines Nichts mit Möglichkeiten – verbliebe nur noch das absolute Nichts.

Die apriorische Kategorientafel Kants mußte sich auf eine bloße Wahrscheinlichkeit zurückziehen; die Streitfrage um die Teilbarkeit von Raum und Zeit ist durch die neuartige Vorstellung einer quantisierten Welt, in der Zeit und Raum ein bestimmtes Plancksches Maß – 10^{-43} cm resp. 10^{-33} sec – nicht unterschreiten dürfen, geschlichtet; die Unbegreiflichkeit einer seit ewiger Zeit vorhandenen, unentstandenen Substanz, an der in unserer Erscheinungswelt lediglich Veränderungen stattfänden, ohne daß sie selbst jemals angegriffen würde, wurde durch ein Materieresp. Energiekonzept ersetzt, in dem sich gegenteilig wirkende Kräfte zu Null aufheben.

Und letzten Endes besagt die Unschärferelation, daß auch unsere Vernunft selbst – ganz anders als in den Ordnungsschemata eines Kant – diffus ist.

Auch für Kants Überlegungen zur Erkenntnistheorie gilt heute ein anderes.

Unser Erkenntnisvermögen ist zunächst Überlebenshilfe: Aus dem weiter oben erwähnten Experiment mit der Seeschnecke Aplysia läßt sich ableiten, daß einfache Außenreize nicht nur erkannt, sondern auch gemerkt werden, wenn das Tier alsbald auf solchen als nicht weiter bedrohlich wahrgenommenen Reiz nicht mehr reagiert.

Ich denke, man wird sich unschwer darauf einigen können, daß damit die Außenwelt im Individuum einen bleibenden Eindruck hinterlassen hat, und warum sollte man nicht meinen, daß auf diese Weise das entsteht, was wir als einfachste Stufe eines Begriffs von der Außenwelt betrachten könnten.

Im Gang von Zufall und Anpassung werden im Laufe evolutionärer Zeiträume Wahrnehmungsorgane unterschiedlicher Art auf Reize der Außen- und Innenwelt entwickelt, zugleich ein Gedächtnis, das es gestattet, eine Situation mit einer bereits erlebten abzugleichen, will sagen, einen Begriff zu entwickeln, der aktuellem Geschehen zugeordnet werden kann, um schließlich angemessen reagieren zu können: Der am besten Angepaßte hat auch die größten Überlebenschancen.

Voraussetzung aller Erkenntnis ist die atomare Gleichartigkeit von innen und außen, wie schon Aristoteles wußte: Allein dadurch, daß Subjekt wie Objekt gleichermaßen aus Atomen (resp. Strings) aufgebaut sind, wird es möglich, einen Sinnenreiz wahrzunehmen und in der *Reaktion* auf einen solchen Reiz mit der Zeit einen Erkenntnisapparat zu entwickeln und sodann verändernd an neue Gegebenheiten anzupassen.

Gewissermaßen entwickelt sich das Erkenntnisvermögen im Zusammenwirken mit der Umwelt, es entsteht allmählich durch Erwiderung auf eine Erfahrung.

In einem Gegensatz zu Kant betone ich das Zufällige in unserem Erkenntnisvermögen, ebenso das Gewordene und weiter sich verändernd Werdende unseres Erkenntnisapparates, der eben nicht a priori vorhanden, sondern Ergebnis eines evolutionären Prozesses und daher evolutionären Bedingungen unterworfen ist: Das System Kants paßt nicht zur biologischen Dynamik eines noch anhaltenden Entwicklungsprozesses.

So wie Zufall die Basis für Veränderungen körperlicher Eigenarten darstellt, werden auch neuartige Erkenntnisse eher spielerisch, jedenfalls kaum oder gar nicht zielgerichtet, gewonnen: „Bloßes Herumtappen"[17] ist an der Tagesordnung.

Mühsam erst lernt das Kleinkind in ontogenetischer Wiederholung der Phylogenese den Raum im Wortsinne zu *begreifen*: A priori ist da kaum etwas!

Kant hingegen beschreibt einen bereits zuhandenen, in sich starren Erkenntnisapparat: Unser Erkenntnisvermögen aber ist dynamisch.

Das Kantsche Bild von der Unabhängigkeit des Erkenntnisapparates stimmt auch nur schlecht zur folgenden Untersuchung: Wenn neu geborene Katzen während der frühen Prägungsphase in weiß gestrichenen Räumen aufwachsen, in denen die Wände bei der einen Gruppe von Katzen mit senkrechten, bei der anderen Gruppe hingegen mit waagerechten Strichen versehen sind, hat dies zur Konsequenz, daß die eine Gruppe späterhin – und zwar unkorrigierbar – nicht in der Lage ist, eine Treppe herauf- oder herunterzulaufen, weil sie die waagerechten Kanten nicht zu erkennen vermag, wohingegen die andere Gruppe darin versagt, einen senkrechten Baum hochzuklettern.[18]

Zwar mögen Menschen insgesamt weniger geprägt sein als Katzen, dennoch hätte es uns ganz ähnlich gehen können; weswegen sonst setzt die katholische Kirche auf massive frühkindliche Beeinflussung, die es so manchem Erwachsenen unmöglich macht, sich ganz von glaubenden Elementen zu lösen.

Das Problem bei all dem ist, daß sich die Ergebnisse heutiger Naturwissenschaft unserem Vorstellungsvermögen entziehen: Nachdem mit dem Kausalitätsmodell eine der tragenden Säulen klassischen Denkens dahingegangen ist und wir uns statt dessen an Wahrscheinlichkeit im Einzelfall gewöhnen müssen, entbehren nunmehr auch die Kantschen Anschauungsformen Raum und Zeit in der modernen Physik jedweder Anschaulichkeit und sind zu Unbegreiflichkeiten mutiert, die ein ganz neues Denken einfordern. Sie sind zur Raumzeit verschmolzen, die endlich und infolge gravitierender Materie in sich gekrümmt ist: Wer bitte aber kann sich einen endlichen gekrümmten Raum oder eine dilatable Zeit, deren Ablauf von der Eigengeschwindigkeit resp. der Gravitation abhängt, real vorstellen.

Wir rechnen heute mit Begriffen, die wir zwar zu denken, jedoch nicht zu begreifen vermögen; allerdings ist unsere Vernunft in einer Entwicklung begriffen, deren Ergebnis wir nicht vorhersehen können.

Nun könnte einer daherkommen und behaupten, daß die Naturwissenschaften in ihren Unbegreiflichkeiten nur das ausdrückten – und auch noch nachträglich –, was Kant längst für den Fall vorhersah, daß wir unsere Vorstellung überschreiten, um das An sich zu ergreifen; jedoch, dem ist nicht so: Für Kant war immerhin die Welt als Erscheinung prinzipiell erkennbar, nur ihr eigentliches Wesen an sich nicht; heutzutage dagegen ist mit der Aufhebung des An sich durch die Unterstellung, daß ein in sich nichtiger Kosmos nicht noch eines An sich von Nichts bedarf, daß hinter einem theoretisch erfaßbaren Nichts mit Möglichkeiten allenfalls das absolute Nichts bleibt, also hinter dem, was uns potentiell Erscheinung werden kann, nichts weiter sonst ist, offenbar manches vom Ding an sich auf die Erscheinungswelt übergegangen: Einerseits erkennen wir in dem, was uns erscheint, sofern wir es beobachten, die Welt in toto, andererseits hindert uns die Unbestimmtheitsrelation daran, über Wahrscheinlichkeitsaussagen hinauszugehen.

Das Kantsche Noumenon liegt gewissermaßen in der Welt überhaupt, die bei Kant klar gegliederte und geordnete Welt, dual getrennt in Erscheinung und An sich, ist in Wahrheit durch und durch verschmiert.

Es geht darum, die unberechtigte Trennung zwischen einer bloßen Erscheinungswelt und unerkennbarem Dahinter, zwischen Subjekt und Objekt zu überwinden: Zweifelsohne ist das, was ich als Ich von der Welt weiß, eine Vorstellung, jedoch nicht im Sinne von *lediglich*.

Vorstellung entsteht in einem körperlichen Organ: dem Gehirn – aufgrund der atomaren Gleichartigkeit von Subjekt und Objekt; so etwa könnte man, bezogen auf die Atomforschung, sagen: Die Atome der Welt erkennen sich im Zellverbund des

Menschen durch Erfahrung voneinander im Sinne wechselseitiger Reize selbst.

Nochmals: Das, was uns Erscheinung werden kann, beruht auf einem Nichts mit Möglichkeiten, hinter dem nur absolutes Nichts ist. Ohne das Kantsche Ding an sich als unerkennbares Dahinter einer Erscheinungswelt erfassen wir diese Welt in Gänze, lediglich eingeschränkt durch deren Unbestimmtheit.

Auch das hier Gesagte ist natürlich (nur) eine Vorstellung, jedoch eine ganz andere als die Kants.

Mir fehlt an Kant das Dionysische: Ich denke, es war sein Fehler zu glauben, man könne an der Leiblichkeit des Menschen und auch der Welt: an deren Materialität – vorbeigehen und sich auf eine Welt reinen Geistes zurückziehen. Es gibt keine körperunabhängige reine Vernunft.

Wir sind es gewohnt, Seele gegen Leib, Energie gegen Materie, Geist gegen Körper, Idealismus gegen Materialismus, Ratio gegen Emotion etc. zu scheiden und den jeweils letzteren Begriffen Profanation zuzuweisen, – vermutlich um unsere niedere Abkunft zu verdecken; jedenfalls sähen die meisten Philosophen den Menschen, ihrer eigenen Würde entsprechend, ohnehin viel lieber als ein von einem immateriellen Geist gesteuertes Wesen: ganz ungeachtet der völlig ungelösten Frage, wie wohl ein strukturloses Nichtvorhandenes auf strukturierte Materie einwirken könne.

Insgesamt scheint es ganz so, wie wenn die menschliche Leiblichkeit, die einen so empfundenen Mangel, den der Hinfälligkeit, via Vernunft durch den Aufbau einer transzendenten Welt, in der der Leib notwendig zu kurz kommen muß, zu verwinden trachtete, sich gleichsam nur ins eigene Fleisch schnitt.

Ganz verstiegen hat sich in dieser Hinsicht ausgerechnet der schon einmal erwähnte Gehirnphysiologe und Nobelpreisträger Sir John C. Eccles, der in seinem jüngsten Buch[19] gar den Versuch macht, das Unschärfeprinzip in der Quantenphysik zu benutzen, um einer dem neuronalen Gehirn durchaus vergleichbaren Welt aus immateriellen Psychonen Gelegenheit zu geben, gezielt in das materielle Geschehen einzugreifen: der Geist als Beherrscher des Materiellen.

Schon zuvor hatte ja Sir John C. Eccles in einem mit dem Philosophen Sir Karl R. Popper veröffentlichten Werk[20] die bloße Unwahrscheinlichkeit gerade seiner speziellen Existenz zum Anlaß genommen, ganz nach dem Muster der schon von Kant widerlegten Gottesbeweise einen „übernatürlichen Ursprung seines einzigartigen selbstbewußten Geistes oder seiner einzigartigen Selbstheit der Seele", zu postulieren.

Wir sollten uns deutlich machen, daß all unser Geist, die größten Leistungen der Menschheit auf allen Gebieten: Malerei, Musik, Wissenschaft etc. Produkte einer Körperlichkeit unter dem Primat des Gehirns sind.
Ich bekenne mich offen zu einer materialistisch-energetischen Betrachtungsweise. Die Physik kennt vier Naturkräfte: die elektromagnetische Wechselwirkung, die starke und die schwache Kernkraft sowie die Gravitation – entweder wir finden auf dieser Basis Erkenntnis oder eben gar nicht. Letzter Prüfstein ist die Erfahrung.
Wer will, mag Zufriedenheit darin finden, daß letztendlich alles, also auch alle Materie, sich im Begriffe der Energie subsumieren ließe, ein eher flüchtiger, nur schwer in seinem Wesen erfaßbarer Begriff.

Noch einmal zu den Grundfragen Kants: Unsterblichkeit, Freiheit, Gott –, abermals verweise ich auf mein letztes Buch, in dem ich ausführlich dargetan habe, daß Unsterblichkeit und Gott nichts weiter als lediglich vordergründig hilfreiche Illusionsbildungen sind, hinter denen sich nichts weiter als nur das Bedürfnis nach Schutz, nach Umsorgtsein, das auch der erwachsene Mensch empfindet, verbirgt, der daraufhin nach dem Muster der Elternerlebnisse aus seiner Kindheit allmächtige, strafende wie liebende Göttergestalten formt.[21]
Letztlich gereichen solche Illusionen zum Schaden, denn sie haben die negative Eigenschaft, daß der von ihnen betroffene Mensch aus einem Wahn heraus urteilt und handelt!
Wirkliche, d.h. absolute Freiheit als völlige Unabhängigkeit von allem und jedem, als unbegrenzte Möglichkeit, alles durchzusetzen, kann es gar nicht geben.
Um Freiheit überhaupt wahrnehmen zu können, bedarf es einer Struktur und damit einer gewissen Ordnung: Ohne Struktur gäbe es nichts, das sich Mensch nennen könnte. Ein Geordnetes aber steht in Widerspruch zu Freiheit, also reden wir, wenn wir von

Freiheit reden stets und immer von einer irgendwie bereits eingeschränkten Freiheit.

Allenfalls gibt es Freiheit auf der Ebene der Unbestimmtheitsrelation in der Form einer mir selbst zugehörigen inneren (atomaren) Spontaneität, ohne daß das makrokosmische Ich darauf irgendeinen Einfluß hätte.

Insgesamt also eher eine bloß akademische Diskussion, deren eigentliches Motiv, wie schon beschrieben, im Konflikt zwischen kausalem und moralischem Denken liegt.

Die landläufige, sozusagen praktische Vernunft meint mit Willensfreiheit ohnehin lediglich diesseitige Egozentrik, und hier mag, wer will, in der Vielfalt möglicher Reaktionen auf eine im Ganzen unbestimmte Außenwelt, die uns eine gewisse Flexibilität ermöglicht, eine relative Willensfreiheit erblicken.

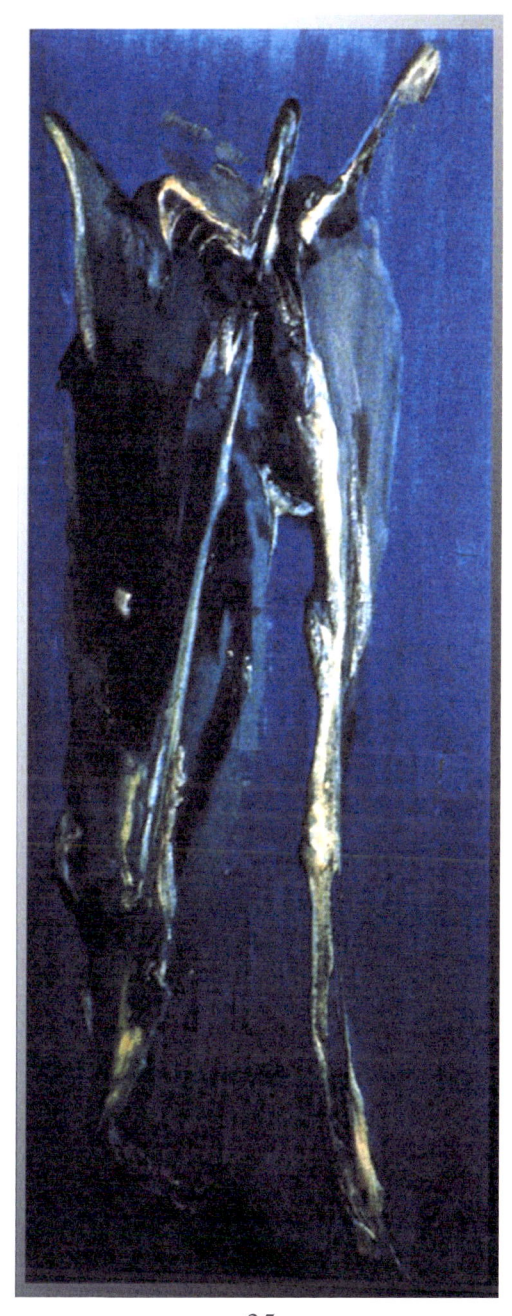

Schopenhauer:

Am ehesten geht unter den philosophischen Systemen das voluntaristische Schopenhauers mit meinen Ansichten zusammen, wenngleich Schopenhauer allzusehr nur die eine Seite des Lebens, die des Leidens – betont: Die Welt aber ist beides, sie ist Freude und Leiden, Lust und Schmerz, lebendiges Leben und einsames Sterben; Schopenhauers Leidenswelt das eine, die Ode an die Freude (Schiller/Beethoven) das andere.

Schopenhauer ist immer dort am interessantesten, wo er über Kant hinauszureichen sucht; seine bedingungslose Treue zu Kant, als dessen Vollstrecker er sich empfand, verwickelte ihn dabei gelegentlich in Widersprüche und hinderte ihn daran, das Seine ganz zu tun: In gewisser Weise gleicht er darin seiner gleichnamigen Gesellschaft.

Schopenhauer fühlte sich Kants dualem Weltbild – Erscheinung resp. Vorstellung auf der einen Seite und unerkennbares Ding an sich auf der anderen – in seinem eigenen Denken verpflichtet: Die Welt der Erfahrung, gerade als Erscheinung, aber müsse die Manifestation desjenigen sein, was erscheine, und so begreift er in seinem Hauptwerk „Die Welt als Wille und Vorstellung" das Kantsche Ding an sich als dessen vorrangigste Äußerung: als Wille zum Leben. Dieser eine Gedanke durchzieht sein ganzes Werk. Es läge nun in der Natur des Willens zum Leben, sich im ständigen Kampf um Güter selbst zu zerfleischen: Alles Streben entspringe Mangel und Unzufriedenheit und verursache Leiden, solange es nicht befriedigt ist; keine Befriedigung aber sei dauernd, sondern nur Anfangspunkt eines neuen Strebens; was wir Glück nennen, sei lediglich die Abfuhr aufgestauter Unlust, dazwischen herrsche Langeweile.

Die Schopenhauersche Vorstellung von der Welt als Wille ist nach meinem Dafürhalten dem physikalischen Begriff der Energie, die alle Materie der Welt bildet, also ganz ebenso aus Sicht der Physik die Welt ist, durchaus wesensverwandt.

In diesem Sinne habe ich Schopenhauers Begriff vom Willen als dem Urgrund der Weltwirklichkeit weiter entwickelt: Ob ich ihm auf diese Weise auf den Schultern stehe oder eher bloß auf den Füßen, sei dahingestellt.

Schopenhauers „eine Gedanke": sein Entwurf vom Willen zum Leben als Urgrund allen Seins – wird, dem physikalischen Konzept von einem zur Nullbilanz sich aufhebenden Kontrast entsprechend, von mir durch das Bild von der Gleichrangigkeit und Gleichmächtigkeit eines Willens zum Leben und eines Willens zum Tode ersetzt.

Indessen scheint auf den ersten Blick zur These vom Todestrieb resp. -willen in Widerspruch zu stehen, daß nahezu ein jeder sich selbst beinahe ausschließlich als Wille zum Leben empfindet, wenn er in sich hineinschaut.
Meine Antwort lag in der biologisch-physikalisch begründeten Vorstellung der für ein geschlossenes physikalisches System geltenden Notwendigkeit, sich ständig Energie höherer Qualität zuzuführen und Schlacken auszuscheiden, um fortschreitender Entropie, die das System destabilisieren würde, begegnen zu können; auch die Urzelle als ein Teil sich von der Außenwelt mit dem Ziel ablösender Materie, ein Für-sich-Sein zu beginnen, ist ein solches System.

Es liegt nun nahe anzunehmen, daß lebende Wesen, eben zur Bemächtigung der Umwelt, den Todeswillen in aggressivem Akt nach außen wenden: Im Inneren regierte dementsprechend überwiegend Wille zum Leben, der vorrangig nur sich selbst kennte, mit der psychischen Folge der Hinwendung zur Blauäugigkeit und prinzipiellen Illusionsbereitschaft, zu einer Denkweise, die zudem die „Macht" des Außen im Sinne eines Überwesens stilisiert: die Natur, der Kosmos, ein allgütiger, verzeihender Gott oder dergleichen – der erste Archetypus.

Der Begriff Wille (Wollen, Wünschen, Trieb) impliziert offensichtlich die Absicht, das Ziel durchzusetzen und damit die prinzipielle Bereitschaft, notfalls Gewalt anzuwenden, wenn sich Widerstände entgegenstellen und die Willensstärke (Libido) sowie die andere Ziele ausschließende Fixierung entsprechend hoch sind.
Aggression resp. Destruktion wären in diesem Sinne *Eigenschaften* des Willens und zwar sowohl des Willens zum Leben als auch des Willens zum Tode: von Eros *und* Thanatos.

Frustrationen vermögen das ohnehin vorhandene Aggressionspotential zu steigern, wohingegen die bekannten Mechanismen der Zielverschiebung, der zeitlichen Zurückstellung, abhängig vom Intelligenzgrad des Lebewesens, wiederum entgegengesetzt wirkten.

So also sehen wir auch den Menschen als ein naturgemäß aggressives und illusionsbereites Wesen mit dem ständigen Blick nach oben: Leben wird gleichsam mit Aggressionsneigung sowie Illusionswilligkeit an sich bezahlt.

Schopenhauer[22] hat ebenso eindringlich wie sarkastisch dargelegt, daß alles Handeln des Menschen, ausgenommen das Mitleid, von egoistischer Natur und mithin moralisch wertlos sei.

Ich möchte darüber hinausgehen, indem ich unterstelle, daß selbst eine mitleidige Tat nie geschähe, wenn damit nicht das Gefühl vermehrten Wohlbefindens, wohlgemerkt des eigenen, einherginge.

Alles und jedes hat also ein individuell egoistisches Motiv, wovon jede ernst zu nehmende Ethik auszugehen hätte; zugleich wäre die moralisch wertende Einordnung dahin.

Nirgendwo wird ja soviel über das Gute im Menschen schwadroniert, wie auf dem Gebiete der Ethik, doch alle Schwafelei scheitert an der Tatsache, daß wir töten müssen, um nur selbst überleben zu können.

Allein übrig bleibt, Ethik auf dem stärksten, ja einzigen Motiv allen Handelns: dem individuellen Egoismus aufzubauen und sich vorzunehmen, möglichst wenig in anderes Existenzrecht einzugreifen, um in letzter Konsequenz damit auch Schaden von sich selbst abzuwenden.

Welchen Ratschlag sonst sollte man einem Lebewesen erteilen, dem man das Töten resp. Morden – für das betreffende Opfer käme das aufs gleiche hinaus – allein um der Selbsterhaltung willen gestatten muß: Es nützt letztlich und endlich auch nichts, transzendente Begriffe wie Freiheit, Gott und Unsterblichkeit als notwendige Grundlagen für eine Philosophie der Moral weiter vorzuhalten und dem Menschen Ideale abzuverlangen, die er, wie nicht allein Auschwitz erweist, nicht einzuhalten vermag.

Zwischenspiel:

Machen wir uns doch nicht dauernd etwas vor: Auch nach drei-
tausend Jahren Philosophie, abzüglich des Zeitraumes zwischen
Platon und Kant, stehen wir erst ganz am Beginn allmählichen
Begreifens und befinden uns zudem in dreifacher Hinsicht in
einem großen Dilemma:
Schon ein Kant soll sich ausdrücklich zum Eklektizismus bekannt haben[23] – heutzutage aber ist das Gesamtwissen völlig
unüberschaubar geworden und zudem hoch spezialisiert, so daß
jedermann, sobald er sein Fachgebiet verläßt, notwendigerweise
zum Autodidakten wird: Der Philosoph versteht nichts von
Quantenphysik, der Quantenphysiker nichts von Gehirnphy-
siologie, der Künstler weder von dem einen noch vom anderen
etwas; jede doch so dringend erforderliche philosophische Zusammenschau wird, mehr oder weniger, zur Laienarbeit; popu-
lärwissenschaftliche Bücher haben Hochkonjunktur.
Eine andere Schwierigkeit ist, daß unser Anschauungsvermögen,
wie vorhin kurz am Beispiel des Raumzeitbegriffes dargelegt,
nicht mehr kongruent mit unserem Denkvermögen einhergeht.
Schließlich spielen unsere Gefühle und Erwartungen nach wie
vor, auch im sogenannten philosophischen Denken eine domi-
nante Rolle, die Bezeichnung des Menschen als ein Vernunft-
wesen ist eine grandiose Übertreibung.

Wer das Glück hat, sich trotz alledem eine von gröberen Fehlern
freie Vorstellung von der Welt und dem Menschen darin erarbeitet zu haben, kann nunmehr mit der eigentlichen philosophischen Arbeit beginnen – das heißt, dieses Weltbild mit den
Wünschen und Sehnsüchten des Menschen abzugleichen.
Dabei sollte selbstverständlich sein, daß man sein Dafürhalten
nicht zum Absolutum erhebt, will sagen, daß man es frei von
Dogmen hält, wie sie dem glaubenden Menschen eigen sind, um
sein Denken, notfalls auch ganz radikal, verändern zu können,
sobald eine überzeugende, also rational begründbare, neue Wahrheit ansteht.
Soweit von mir beurteilbar scheinen die Philosophen diese Sach-
verhalte, vermutlich aus der auf sie übergegangenen Erhaben-
heit ihres Faches als der „mater scientiae"[24], mehr oder weniger

zu verdrängen, um wie gewohnt weiterzumachen, wodurch sie in Gefahr geraten, ganz abgehoben von der Welt über eben diese zu „philosophastern" und wäre man Schopenhauer, wäre man gewiß versucht, Ihnen zuzurufen:

„Ihr Spaaßphilosophen kennt nicht ein Mal das *Problem* der Philosophie (...)

Die Welt, die Welt, ihr Esel! ist das Problem der Philosophie, die Welt und sonst nichts!"[25]

In der Tat: Der Philosoph bisheriger Provenienz ist denkbar ungeeignet, sinnvolle Beiträge zu leisten. Sein Sprachwerkzeug besteht aus undefinierten Metabegriffen wie etwa: Geist, Intellekt, Verstand, Vernunft, Natur, vis vita, Einbildungskraft, Urteilsvermögen, Idealität der Zeit, Intuition, Absolutum, Phänomen, Noumenon, intelligibler Charakter, Ideen, der gestirnte Himmels über mir etc. etc.

So hübsch es anmutet, damit nach Kräften zu jonglieren – je verwirrender desto überzeugender – so wenig verbleibt am Ende an wirklich durchschlagender Einsicht.

Es ist ein Problem der Philosophie, daß sie ein Unbegriffenes durch ein Nicht-Erklärbares ersetzt, das, a priori gesetzt, keinerlei Rückfragen duldet, um von dort alles Weitere abzuleiten, nur um nicht „Ich weiß nicht" sagen zu müssen, d.h., daß sie in der Regel mit gänzlich unverstandenen Begriffen arbeitet, die lediglich kraft ständiger Wiederholung zu Selbstverständlichkeiten geworden sind; ich erwähne abermals den menschlichen Geist oder das Ich-Bewußtsein, von Kant, wie schon bemerkt, als Einheit der transzendentalen Apperzeption umschrieben: welch ein Wort allein schon!

Ich plädiere für eine um Hoffnungsfreiheit bemühte Philosophie in der Art eines revolvierenden Fonds –, in den die Ergebnisse der Einzelwissenschaften einfließen, um daraus in Form einer Zusammenschau das übergreifende Gedankengut zu einem undogmatischen Weltbild zu formen: lebendig und offen für Neues.

Dazu bedarf es kreativer Fragestellungen, wie sie vorrangig den Omegas am Rande der Gesellschaft zukommen, wohingegen die Mitte eher zum Konservativen mit der Gefahr erstarrender Unbeweglichkeit tendiert.

Lassen Sie mich abschließend den derzeitigen Stand der Dinge ein wenig persiflieren:

Aus der Sicht der Naturwissenschaft treten wir mit der Außenwelt in Wechselwirkung, wenn der Gang der Ereignisse die Anordnung besonders leicht reagierender Atomgruppen etwa in unseren Augen und Ohren verändert.

Beim Anblick eines Säbelzahntigers und der Absorption entsprechender Photonen in der Sehrinde des Auges strecken sich in der Mitte gebeugte Sensormoleküle, was die Durchlässigkeit der an dem einen Ende der Sehstäbchen befindlichen Nervenmembrane für Kalium- und Natriumionen beeinflußt, wodurch elektrische Impulse ausgelöst werden, die an eine Vielzahl von Zellen im Gehirn weitergeleitet werden, die daraufhin über das Axon ggf. mit neuen Impulsen antworten.

Bestimmte Neuronengruppen reagieren auf ein Bildmuster, sofern es mit gespeicherten Inhalten übereinstimmt, indem sie in annähernd gleichem Takt schwingen, um auf diese Weise letztendlich eine Handlung auszulösen – im konkreten Falle vermutlich sofortige Flucht.

In letzter Konsequenz sind Entscheidungen Anpassungsbewegungen der Atome von Molekülen in einer großen Zahl von Gehirnzellen.[26]

Ganz ebenso unverständlich ist uns, nebenbei bemerkt, die naturwissenschaftliche Erkenntnis, daß in Neuronennetzen, vor allem in thalamocorticalen Schaltkreisen zirkulierende Erregungsmuster eine gemerkte Telephonnummer symbolisieren, oder die Feststellung, daß die Änderung elektrischer Potentiale durch Verschiebung des Ionengleichgewichtes in der Komplexität neuronaler Muster z.B. traurig macht.

Bei Kant würde der Anblick eines Säbelzahntigers aus transzendentalphilosophischem Blickwinkel zu einer Empfindung, zu einer sinnlichen Anschauung für den Verstand in den bereits vor aller Erfahrung bestehenden Anschauungsformen von Raum und Zeit.

Der Verstand wiederum würde in Anwendung der jeweils vier apriorischen, in sich dreifach gegliederten Kategorien der Quantität, der Qualität, der Relation, und der Modalität – entsprechend der Anzahl der Urteilsarten – in synthetischer Tätigkeit unter dem Primat der Einheit der transzendentalen Apperzeption daraus die Einheit eines bekannten Objekts konstituieren: Der Säbelzahntiger würde zu einem Teil der Welt in unserer Vorstellung von ihr.

Die Vernunft als die höchste und regulierende Instanz regiert derweil gewissermaßen darüber und erarbeitet allgemeine Prinzipien, um der Natur das Gesetz vorzuschreiben, die der Verstand und das Urteilsvermögen auf besondere Fälle wie etwa den Säbelzahntiger anwenden.

Im Zuge von Überlegungen, inwieweit die beabsichtigte Handlung zu fliehen als Maxime menschlichen Willens wahrhaft geeignet sei, als Prinzip einer allgemeinen Gesetzgebung gelten zu können oder inwieweit eher die Aufgabe des eigenen Selbst angesichts des Postulats von der Freiheit des Menschen in seinem intelligiblen Wesen der Würde des Menschen entspräche, ja zur Pflicht werde, die allein seinem Handeln moralischen Wert verleihe und sicherste Stütze aller Sittlichkeit sei, wird der unter den Bissen des Säbelzahntigers mittlerweile verendende Mensch, falls noch Zeit bleibt, dank seiner Einbildungskraft noch eben für sich darzutun suchen, wie sehr er auf diese Weise zum ästhetischen Ideal des Erhabenen vorstoße.

Vom Individuum:

Zu meinem Bedauern muß ich gleich mit einem Problem beginnen. Unklar ist, was konkret unter Individualität zu verstehen ist; insonderheit fehlt es an einer überzeugenden Definition des Ich: Sozusagen steht die Sicherheit des eigenen Ichbewußtseins als einer denkenden und handelnden, singulären Einheit gegen die Schwäche, sein Dasein zu erklären.

Weder der analytische noch der synthetische Weg verhelfen weiter: Wir wissen, wenn wir nicht wieder in die Klamottenkiste der Metaphysik greifen wollen, daß unser Ichbewußtsein nur eine körperliche Funktion: des Gehirns – sein kann und suchen folglich nach einer Repräsentation, geraten jedoch bei analytischer Betrachtungsweise aus der Tatsache, daß wir ein Zellstaat sind und Zellen wiederum ihrerseits vielfach organisiert sind, weiter aus Molekülverbänden bestehen, denen wiederum Atome zugeordnet sind, womöglich dahin, jedem Schwefelatom, das als Bestandteil einer Eiweißverbindung eines Neurons irgendwie an der Entwicklung eines Gedankens teilhat, letztendlich gar jedem String, jedem Energiequant ein eigenes Ich zugestehen zu müssen, ohne damit sagen zu können, wie denn nun das übergeordnete Ichbewußtsein, das wir ja so deutlich empfinden, zustande käme.
Andererseits hilft die Umschreibung unseres Ich mit anderen Metabegriffen wie: Einheit der transzendentalen Apperzeption, Seele etc. – in unserm Bedürfnis nach begreifendem Verstehen ebensowenig weiter: „Die höchsten, d.i. die allgemeinsten Begriffe sind die ausgeleertesten und ärmsten, zuletzt nur noch leichte Hüllen, wie z.B. Seyn, Wesen, Ding, Werden und dgl. mehr"[28], sagt Schopenhauer.

Mag sein, daß der Eindruck der Singularität zustande kommt, weil aus der Vielzahl nebeneinander verlaufender Regungen und Gedankengänge nur das jeweils Bedeutsamste ins Bewußtsein gehoben wird: Was aber, in concreto, ist überhaupt ein Gedanke, wie funktioniert das Bewußtsein, und was beinhaltet eine Existenz außerhalb von Bewußtsein, etwa während einer Narkose, bei deren nachträglicher Betrachtung das Gefühl aufkommt, gar nicht vorhanden gewesen zu sein?

Sind wir also nur in unserem Bewußtsein von uns und allein so lange, wie wir es haben, und was ist das Bewußtsein eines Tieres von sich?

Das heranwachsende Kind, dem wir, von außen gesehen, zweifelsohne Individualität zusprechen würden, entwickelt die Vorstellung seiner selbst als ein Ich erst mit den Jahren, lange nachdem es in seiner Einmaligkeit, basierend auf dem genetischen Code als allgemeiner Maxime und halb zufälligen neuronalen Verknüpfungen sowie weiterer charakterlicher Ausprägung durch sein Umfeld existiert: Aller transzendentalen Apperzeption zum Trotze beginnt das Kind mit einem „Immanuel will", auf das erst später das „Ich will" folgt.

So steht zu vermuten, daß wir nach etwas suchen, was so nicht ist: Normalerweise[29] erleben wir uns, vollkommen selbstverständlich, als einen Singular, doch müßte sich dahinter angesichts neuronaler Vielfalt ein Plural verbergen.

Kurzum, wir wissen noch nichts Rechtes; möglicherweise liegt es daran, daß wir Jahrhunderte mit vorwiegend theologisch-philosophischen Betrachtungen vertan haben.

Ganz in der Nähe liegt die Frage, worin der Unterschied zwischen belebter und unbelebter Materie besteht. Wie gewohnt machen es sich die Philosophen leicht, wenn sie von der „vis vitalis" oder dem Elan vital (Bergson) sprechen, also einen Metabegriff statt eines Erklärungsversuches präsentieren.

Mittlerweile ist es gelungen, in einer Art Ursuppe die Bedingungen nachzustellen, die zur Zeit der Lebenswerdung geherrscht haben – mit dem Ergebnis, daß offenbar elektrochemische Affinität hinreicht, erste Zellgebilde zu bauen, woraus sich wiederum ableitete, daß Materie generell lebensfähig ist, wenn nur die äußeren Bedingungen stimmen.

Ungeachtet solchen Ungemachs lassen sich am Ich, übrigens nicht nur am menschlichen, einige typische Reaktionen erkennen, deren heftigste gewiß die Angst vor dem Tode ist.

Das Individuum möchte sich bewahren, Einmaligkeit heißt ihm zweierlei: Kostbarkeit wie Endlichkeit – das letztere hebt das erste auf.

In der Tat: In einem größtenteils lebenswidrigen Kosmos wird jedes lebende Individuum allein schon aus dem quantitativen Vergleich zu einer einzigartigen Pretiose, und es ist uns allen völlig sinnwidrig, etwas Derartiges im Tode vergehen zu sehen; vehement wehrt sich jedwedes Individuum gegen seine Vernichtung.

Überlegungen, wie sie etwa Schopenhauer, auf einem Ausspruch Senecas fußend, vollzieht:
„Denn es ist unumstößlich gewiß, daß das Nichtseyn nach dem Tode nicht verschieden sein kann von dem vor der Geburt, folglich auch nicht beklagenswerter. Eine ganze Unendlichkeit ist abgelaufen, als wir noch nicht waren: aber das betrübt uns keineswegs. Hingegen, daß nach dem momentanen Intermezzo eines ephemeren Daseyns eine zweite Unendlichkeit folgen sollte, in der wir nicht mehr seyn werden, finden wir hart, ja unerträglich,"[30]
sind ihm ebenso unfaßbar wie der Zufall seines Werdens: Eine Samenzelle weiter und ich (?!) wäre meine Schwester geworden.

So existiert das Individuum im Kontrast seines Anspruches auf Ewigkeit und der Realität seiner Endlichkeit und ist allein von daher in höchstem Maße illusionsgefährdet; gleichsam ungefragt ins Leben gestellt, fragt es nach einer Verantwortlichkeit, erhält jedoch keine illusionsfreie Antwort.
Wie auch sollte etwas befragt werden, das noch gar nicht ist – es ist schon tragikomisch und folgte man dem Rat Schopenhauers:
„Der aber wird am wenigsten fürchten im Tode zu nichts zu werden, der erkannt hat, daß er schon jetzt nichts ist, ..."[31],
hieße dies, sich bereits zu Lebzeiten aufzugeben.

Individualität vollzieht sich in einem anhaltenden Zwiespalt zwischen der Sehnsucht nach Geborgenheit und der nach Freiheit.
Die Aufrechterhaltung eines selbstbewußten Ich kostet Kraft, wenn Ichschranken wegfallen, übermannt uns häufig ein ozeanisches Glücksgefühl aus dem diffusen Bewußtsein einer weniger anstrengenden Zeit des All-Einsseins mit dem Kosmos, verbunden mit einer Art Todessehnsucht: der Bereitschaft, sich einem Ganzen anheimzugeben, – die Staatenlenker auszunutzen pflegen.

So besteht augenscheinlich eine generelle Tendenz des Individuums, sich faktisch oder nur virtuell in ein größeres, daher stärkeres und scheinbar dauerhafteres Ganzes einzubinden, sei es in Verbindung zu einem Zellstaat oder wesentlich loser, doch nahezu ebenso wirksam in gesellschaftlichen Zusammenschlüssen: vom Verein bis zur Nation resp. dem Staat oder auch nur, zeitlich begrenzt, in einer fanatisierten Masse, in der wir kaum noch wir selbst sind.

Sigmund Freud betonte die Verstärkung der Affektion und den verringerten Intellekt des Menschen in der Masse.[32]

Nicht zuletzt von daher gebe ich dem kreativen Einzelwesen, das sich bewußt vom gesellschaftlichen Durchschnitt abheben möchte und damit dem Individuellen den Vorrang vor dem Gleichmaß der Menge: Köpfe sind es, die mich interessieren. Seit eh und je treibt allein die kreative Einzelleistung voran.

Ich bin bekennender Individualist – bestrebt, der immer bedrohlicheren Vermassung entgegenzuwirken, erlebe mich aber in einer Massen-Gesellschaft mit zunehmender Tendenz zu weiterer Vermassung: Von freier Entfaltung der Persönlichkeit ist allenfalls noch im Grundgesetz die Rede; in der kommunikativen Auseinandersetzung zählt nur, was Quote bringt, also eine Vielzahl interessiert, d.h. inhaltlich den Bedürfnissen des Durchschnitts nach Unterhaltung von eher seichtem, blauäugig-optimistischem Zuschnitt entspricht: Operette, Schwank oder gar Musical rangieren in der Publikumsgunst vor der tragischen Oper – und die Jugend protestiert uniform im von Erwachsenen gestylten Outfit gegen die Erwachsenenwelt.

Jahrhundertelange, vorwiegend religiöse und staatliche Bevormundung resp. Beeinflussung haben ein schuldbeladenes, angeblich sündhaftes, demütiges, kaum noch wahrhaft individuelles Wesen erzeugt, das mit schiefem, unterwürfigem Augenspiel nach oben schielt, statt sich freien Blickes umzuschauen – man betrachte nur einmal Kirchenskulpturen.

Wenn viele ein Falsches denken, wird daraus ein consensus omnium – nach dem Motto: Je mehr an Gott glauben, desto wahrscheinlicher wird er.

Derzeit glaubt sich das Abendland vom Islam bedrängt – der einzigen unter den Religionen, die, folgt man Schopenhauer, keinen einzigen Gedanken, über den nachzudenken sich lohne, enthält – und besinnt sich auf die abendländisch-christliche Tradition.

Es ist jedoch nicht die christliche Illusion, auf die wir stolz zu sein hätten, allein die mit den Vorsokratikern beginnende Ablösung des Logos vom Mythos und daraus folgend die Bereicherung in Wissenschaft und Kultur gereicht uns Menschen zum Ruhme.

Auch mir jagt ein islamischer Gottesstaat nach dem Muster des Christentums im Mittelalter Furcht ein; man erinnere sich: Im 17. Jh. war nichtaristotelisches Philosophieren im katholischen Frankreich mit der Todesstrafe bedroht!

Geistige Freiheit ist nach wie vor ein äußerst zartes, von allen Seiten angegriffenes Pflänzchen.

Ja, ich fühle mich bedroht: von jeglicher Einschränkung des freieren Geistes –, sei es durch den bayrisch-rheinisch-westfälischen Katholizismus oder gar den aus Polen kommenden, vom Calvinismus wie auch vom Islam: – erst recht vor wachsender rechtsradikaler Ausländerfeindlichkeit in Europa.

Man sollte sein Gepäck fluchtbereit halten! Noch mag es in einem einsamen isländisch-norwegischen Fjord einen Aufenthaltsort für ein freimütigeres Wesen geben.

Mir ist es in Gänze unverständlich, daß gestandene erwachsene Männer wie Frauen zu Fronleichnam, keinen Millimeter vom tiefsten Mittelalter entfernt, murmelnd hinter einer Art Puppe prozessieren, geradezu unfaßbar erscheint mir, daß noch nach 1945 katholische Nationalisten Juden aus Rache dafür ermordeten, jene hätten vor zweitausend Jahren, Tatsache oder Mär, irgendeinen Jesus umgebracht; innerlich ganz schlecht wird mir, wenn Menschen mit Kopftuch oder Kreuz signalisieren müssen, daß ihr Kopf über religiöses Denken nicht hinausgekommen ist oder wenn ein Achtel (geschätzt) der Menschheit sich zu bestimmter Zeit gen Mekka wendet, um, auf die Knie gefallen, Bücklinge zu vollziehen.

Die Nähe zu Ritualen aus der Tierwelt ist unübersehbar.

Man kann nur den Kopf schütteln angesichts eines Meeres an Unverstand: Ohnmächtig, ohne das geringste Mittel in der Hand zu haben, aufklärend eingreifen zu können.

Die gesellschaftlich-religiöse Manipulation setzt an dem entscheidenden Schwachpunkt jedes Individuums: dem, sterblich zu sein, an und nützt die Unmündigkeit der Kindheit, um prägend zu wirken.

Kern der Individualität ist das seiner selbst bewußte Ich: Das Ich ist ständiger Produzent von Wünschen, die nicht nur dem Individuum selbst bis zu ihrer Befriedigung Unbehagen bereiten, sondern auch zum ständigen Störfaktor sowohl in den auf *Massen*konsum und folglich *Massen*verlangen ausgerichteten reichen Industriegesellschaften als auch in den ärmeren, auf Wunschverzicht angewiesenen Nationen, in denen die religiöse Zusage allumfassender Befriedigung in einem phantasierten Jenseits die Wunschbefriedung im Diesseits ersetzen muß, werden.

Alles zielt also darauf ab, Individualität zugunsten eines leichter steuerbaren Massenverhaltens zu schmälern.

Abendländische Religionen befrieden den drängendsten individuellen Wunsch: den nach Unsterblichkeit – mit der Beigabe einer unsterblichen Seele, die ihr Glück in einem phantasierten Jenseits findet und erhöhen so, wenn auch nur zum Scheine, das Ich, um desto nachdrücklicher Wohlverhalten und Wunschverzicht im Diesseits einzufordern, mithin aus illusionsfreier Sicht ausschließlich Verzicht, also eine Herabsetzung des Ich auf Umwegen, wohingegen die indischen Religionen gleich viel direkter auf eine Erlösung des Ich durch Befreiung von sich selbst hinarbeiten.

Jede Minimierung des Ichhaften bewirkt zugleich jedoch eine Reduktion des reichen Wahrnehmungspotentials eines ausgeprägten Ich: Was beinhaltet ein paradiesisches Leben eines Ich ohne Leib, also gar keines Ich, in bloß immateriellem Schein?

Ganz ebenso ginge das letztliche Erlöschen im Nirwana ohne Bewußtsein davon vonstatten, die beabsichtigte Befreiung vom Leiden würde mithin gar nicht wahrgenommen werden: Ein Quietiv ohne Bewußtsein davon ist soviel wie kein Quietiv.

Freud[33] stellte sehr zu Recht die Frage, ob die das Individuum einschränkende Gesellschaft nicht mehr nimmt als gibt.

Jedenfalls sollten wir uns angewöhnen, nicht gleich von Beginn an verbogen zu denken: Ausschließlich, weil wir glauben, es brächte uns selbst Vorteile, schließen wir uns zu Gemeinschaften zusammen. Der andere oder gar die Gesellschaft sind nachrangig.

Verzeihung! – aber, gesetzt den Fall, einer von uns beiden muß an Krebs sterben, so wäre es mir doch lieber, Sie wären statt meiner davon betroffen.

Freiheit und Pflicht sind zwei ganz getrennte Dinge. Pflicht ist nicht das Höchste, sondern ein uns gegen unseren Willen Auferlegtes, das uns in unserer subjektiven Freiheit einschränkt.

Ich habe zahlreiche Bücher über die Bewältigung der Angst vor dem Tode gelesen, überwiegend auf den alternden Menschen bezogen. Sie alle entsprachen gesellschaftlichem Durchschnittsdenken, waren eingebunden in Illusionen über ein Leben danach: Wer schreibt für den Skeptiker?

Mit Empfehlungen, wie sie etwa Fritz Riemann[34] gibt, vermag ich aus den eben erwähnten Gründen wenig anzufangen:

„Das führt uns zu einer weiteren Alterstugend, zu der Fähigkeit des Transzendierens, also der Ausweitung unserer Ichgrenzen ins Überpersönliche. Ob das in einer religiösen Form geschieht, ob über die Erkenntnis, über mystische Erlebnisse, über die Meditation oder eine große Liebe – das Erlebnis des Transzendierens gehört wohl zu den schönsten Werten des Alters. Liegt die Gefahr des Alterns in zunehmender Ichbesessenheit, im krampfhaften Festhalten an der eigenen Ichhaftigkeit, so seine Chance in der Ichvergessenheit, durch die jenes Erleben des Transzendierens unter anderem ermöglicht wird. [...] Hier hilft uns wohl nur noch die Besinnung nach innen, auf die eigene Tiefe, in welcher wir vielleicht durchstoßen können zu dem, was wir Gott oder den kosmischen Seinsgrund oder das mystische All-eins-Sein nennen. Dann kann unsere letzte Einsamkeit des Sterbens in ein Aufgehobensein münden, in eine Selbstvergessenheit, der vielleicht das Wort Erlösung am ehesten entspricht."

Riemann, der hier pars pro toto steht, erwähnt des weiteren die Todesverachtung des „Rationalisten" Sigmund Freud, in der er ein Trotziges sieht, ein „Nein" bis zuletzt allem gegenüber, was an Mystik und Mysterium erinnern könnte und stellt alsogleich die Frage, ob darin nicht eine tiefe Resignation, die eine Glaubenssehnsucht in sich selbst mißachte, läge.

Mich erinnert die Art dieser Argumentation an eine Ausstellung zu Ehren Friedrich Nietzsches in der Kieler Nicolaikirche, an der ich mit meinen Bildern teilgenommen habe, und in der Nietzsche als ein Suchender in manchem Vortrag verstanden wurde, als jemand dessen Provokationen, die Kirche aufrütteln könnten, also geeignet seien, den Glaubensbereich weiter zu verfestigen.

Die Kirche hat schon immer verstanden, alles für sich zu vereinnahmen, der Antichrist wird zum noch suchenden Gläubigen, zum Christen umgewandelt: Ein Glaubender kann eben einen Atheisten nicht realisieren; eine Welt ganz ohne Gott ist für ihn, selbst kurzzeitig, nicht vorstellbar.

Wie sagt doch Sigmund Freud so unvergleichlich: „Den Wahn erkennt natürlich nicht, wer ihn noch teilt."[35]

Nun mag man dem entgegenhalten, daß der Glaube an eine bestehende Allmacht und auch auf ein Weiterleben nach dem irdischen Dasein eine ungeheuer befriedende Wirkung ausübe, ohne die das Menschengeschlecht nicht gedeihen könne; gewiß: Religionslosigkeit allein, ohne philosophische Unterstützung, beinhaltet allerdings noch keine rechte Lösung.

In den Industrieländern, in denen die generelle Religionsbereitschaft latent vor sich hin schlummert, um in Katastrophensituationen sofort aufzubrechen, führt das größere Sozialprodukt dazu, das Jenseits bereits im Diesseits vorwegzunehmen, den Tod zur Seite zu schieben und nach dem alten Motto „panem et circenses" alles in einem wahren Konsum- und, via Massenmedien, Manipulationsrausch zu ersticken, also auf Ablenkung und diesseitige materielle Befriedigung hinzuwirken: zu Lasten der Dritten Welt, wie der Umwelt.

Wir kommen zum Thema Verantwortung:

Ich, der ich Kinder habe, also über mich hinausreichen wollte, empfinde intensiv auch die Großartigkeit des Lebens und will die Möglichkeit zu leben daher auch für andere erhalten, scheitere aber bereits mit dieser Aufforderung an einer vollkommen rücksichtslosen, auf sich selbst nur bedachten Gesellschaft, die allen religiösen wie philosophischen Ethiknormen zuwider, um nur einmal das prägnanteste Beispiel zu nennen, weiterhin den Individualverkehr propagiert, obwohl mittlerweile eine Klimakatastrophe absehbar ist, die nachfolgenden Generationen das Leben erschweren, wenn nicht gar unmöglich machen wird.

Der illusionsgebundene Mensch neigt leider dazu, auch seine eigentlich originäre Verantwortung auf die da oben zu delegieren und sich selbst davonzustehlen: Der Allmächtige wird´s schon richten!

Ich erhoffe mir von einem illusionsfreieren Wesen einen nachdenklicheren Umgang mit der Welt unter dem Primat, das Leben auf dieser Erde als unser aller einziges Gut erhalten zu wollen.

Wie aber kann sich das Individuum von Wahnideen befreien: Einzig und allein durch die Annahme des Todesgedankens!

Vom Erlöschen:

Der Tod des eigenen Selbst als dessen Auslöschung: ganz und gar – bleibt dem Individuums ein ganz Unvorstellbares.
„Der Mensch möchte nicht gern sterben," sagt Tucholsky, „weil er nicht weiß, was dann kommt. Bildet er sich ein, es zu wissen, dann möchte er es auch nicht gern, weil er das Alte noch ein wenig mitmachen will. Ein wenig heißt hier: ewig".[36]
So auch mag sich ein Neunundsechzigjähriger wünschen, wenigstens hundert Jahre alt zu werden – um noch einmal einen nicht recht überschaubaren Zeitraum vor sich zu haben.

Im Grunde geht es um die Bewältigung von Angst.
Es ist schon bemerkenswert, wie klein das sonst so starke, selbstbewußte Individuum unter dem Einfluß von Angst werden kann, ich brauche hierzu gar nichts weiter auszuführen, die ganze Literatur ist voll von Beispielen.
Die ganze Palette, die Sigmund Freud in seiner Schrift „Das Unbehagen in der Kultur"[37] zur Erhöhung des Glücksgefühls aufführt, gilt ebenso für die Vermeidung von Angst – von der Intoxikation durch Rauschmittel über die Triebsublimierung, etwa in der Kunst, bis hin zur schlichten Realitätsverweigerung resp. der Veränderung der Wahrnehmung von dieser Welt in der Vorstellung davon, etwa durch die Einfügung eines vater- oder mutterähnlichen Gottesbildes.

Angst, verbunden mit Panik, ist eine emotionale Reaktion auf eine ausweglose Situation, die dazu antreiben soll, möglichst bald das Gewohnte wiederherzustellen; sie findet ihren Ursprung vorwiegend in stammesgeschichtlich älteren Hirnregionen, dem limbischen System, weswegen ihr auch kaum, auch beim Menschen nicht, mit Mitteln der Vernunft beizukommen ist.

Schon Epikur hatte versucht, uns mit seinem Postulat: „Der Tod geht uns nichts an, weil uns nicht berührt, was ohne Empfindung ist"[38], die Angst vor dem Tode zu nehmen, jedoch hilft auch solche Einsicht nicht recht weiter: Wenn auch die Angst vor dem Totsein selbst bewältigt sein mag, so doch nicht die vor dem Sterben und vor dem Abschiednehmen von einem zwar häufig verwünschten, jedoch so sehr geliebten Leben.

In einer ausweglosen Situation geraten wir, wenn auch aus schierer Verzweiflung, häufig in's Lachen:
„La Palisse: Ein französischer Hauptmann, der 1525 in der Schlacht bei Pavia fiel und zu dessen Ehren seine Soldaten ein berühmtes Lied dichteten; darin heißt es:‚Ein Viertelstund vor seinem Tod / Da war er noch am Leben.'"[39]

Oder noch einmal Kurt Tucholsky:
„Werde ich sterben können –? Manchmal fürchte ich, ich werde es nicht können.
[...]
Vielleicht wird es nicht so schwer sein. Ein Arzt wird mir helfen, zu sterben. Und wenn ich nicht gar zu große Schmerzen habe, werde ich verlegen und bescheiden lächeln: ‚Bitte, entschuldigen Sie ... es ist das erste Mal ... '"[40].

Ein sarkastisches Lachen, das den Todeswillen einsetzt, um die Angst aus dem Lebenswillen aufzuheben.

Und immer wieder klingt überall heimlicher Vorwurf aus der Enttäuschung des Lebenswillens angesichts dieser Welt durch, bei Schopenhauer:
„Denn so betrachtet erscheint in der That das ganze Geschlecht als zur ewigen Quaal und Verdammniß geradezu bestimmt und ausdrücklich geschaffen, – bis auf jene wenigen Ausnahmen, welche, durch die Gnadenwahl, gerettet werden. Diese aber bei Seite gesetzt, kommt es heraus, als hätte der liebe Gott die Welt geschaffen, damit der Teufel sie holen solle; wonach er denn viel besser gethan haben würde, es seyn zu lassen"[41]
oder bei Goethe:
„Denn alles, was entsteht/Ist wert, daß es zugrunde geht/Drum besser wär`s, daß nichts entstünde."[42]

Ebenso auch bei Camus, der zwar als Atheist die Welt für absurd erklärt, dennoch aber einen Satz formuliert wie diesen:
„Es geht darum, unversöhnt und nicht aus freiem Willen zu sterben."[43]

Unversöhnt? Mit wem? Mit meinem Schicksal?

Sein „unversöhnt" richtet sich gegen irgend jemanden, jede Beschwerde setzt eine Instanz voraus, die Verantwortung übernähme.

„Jeder stirbt für sich allein", lautet ein Buchtitel[44] von Hans Fallada, eine große, eine tief empfundene Wahrheit, gegen die das in der Philosophie viel diskutierte Wort Kierkegaards, später von Heidegger aufgenommen, wonach das Leben Vorlaufen in den Tod sei, geradezu inhaltsarm: katheter-, kathederhaftig wirkt. Auch darin zeigt sich die Hilflosigkeit so mancher Philosophie, die so weit abhebt, daß sie nicht mehr zu greifen vermag.

Es bleibt ein Abstraktum, sich vorzunehmen, selbst niemals derart erbärmlich an Krebs in einem Pflegeheim dahingehen zu wollen wie ein naher Angehöriger etwa: Das Sterben, der Tod ist eine ganz ureigene Angelegenheit, und so bleibt es ein fundamentaler Unterschied, ob man selbst betroffen ist oder nur zuschaut.

Die unendliche Einsamkeit des Sterbenden ist für die am Krankenbett Stehenden ganz und gar nicht nachvollziehbar: Sie haben noch das Stück Zukunftserwartung, das mit einem geheimen Unsterblichkeitsbewußtsein einhergeht, sie können noch verdrängen, und es gibt aus der Sicht des Kranken, der sich nicht wehren kann, nichts Schlimmeres als die „gefaßten" Gesichter der Verwandten.

Im übrigen ist es ziemlich verblüffend zu sehen, mit welcher Intensität es einem Individuum gelingt, Schicksalsschläge bei anderen nicht auf sich selbst zu beziehen. Erst der Augenblick, in dem solch ein Ereignis ganz urplötzlich, wie aus heiterem Himmel, persönlich bei uns selbst einschlägt, uns schlagartig aus allen Lebensgewohnheiten, mit denen wir uns gegen das Schwert des Damokles, den Tod, abgesichert glaubten, herausreißt, wird uns der Tod zu einem Selbst-Ereignis in vollkommen anderer Qualität.

Leben ist ein dem Nichts gewissermaßen abgetrotztes Ereignis mit der Auflage, zu gegebener Zeit zurückzugeben, was man als Seiender gewann: Die tiefste philosophische Wahrheit liegt in dem schon erwähnten Satz des Anaximander.

Was habe ich als Seiender gewonnen: ein Bewußtsein von mir selbst als in einem Umfeld wahrnehmender, denkender und handelnder Einheit. Und der Tod wiederum ist der gänzliche Verlust dessen.

Entsetzlich, obwohl von mir in gänzlicher Ruhe wahrgenommen, der Zustand während einiger transitorisch ischämischer Attacken, in der mein Bewußtsein vollkommen klar, eher ein wenig überscharf, alles genau registrierte, was um mich herum geschah, ich jedoch nicht in der Lage war, einen Satz, der in meinem Kopf in aller Prägnanz parat lag, artikuliert aussprechen zu können: Teilverlust des Ich – bereits zu Lebzeiten.

Ein tiefer Satz stammt von Arthur Schopenhauer, der letzte Satz aus seinem Hauptwerk „Die Welt als Wille und Vorstellung": „Wir bekennen es vielmehr frei: was nach gänzlicher Aufhebung des Willens übrig bleibt, ist für alle Die, welche noch des Willens voll sind, allerdings nichts. Aber auch umgekehrt ist Denen, in welchen der Wille sich gewendet und verneint hat, diese unsere so sehr reale Welt mit allen ihren Sonnen und Milchstraßen – Nichts."[45]

In uns bricht – und zwar bereits im einfachen Tode, ohne vorhergehende Verneinung, unsere ganze eigene Welt, all das, was uns an und in der Welt hält, zusammen, Nichts bleibt.

Wenn ich mir nachträglich den Zustand während einer Ohnmacht anläßlich einer Operation deutlich zu machen suche, so kann ich nur sagen: Ich war nicht!

Und damit beantwortet sich auch die Frage nach dem Wozu: – die Frage nach dem Sinn und Zweck unseres Daseins.

Nietzsche wußte zu spotten: „Der Mensch ist allmählich zu einem phantastischen Tiere geworden, welches eine Existenzbedingung mehr als jedes andre Tier zu erfüllen hat: der Mensch muß von Zeit zu Zeit glauben, zu wissen, warum er existiert, seine Gattung kann nicht gedeihen ohne ein periodisches Zutrauen zu dem Leben!"[46]

Wir stellen ja diese Frage mitten heraus aus einem prall gefüllten Leben, innerlich voller Spannungen und Erwartungen und so, als ob Dauerhaftigkeit wesentlicher Bestandteil dessen und folglich ein nur kurzzeitiges Dasein von vornherein sinnfrei wäre.

Wir blicken auf die Leere des Todes – und schaudern.

Könnten wir hingegen aus der Leere des Todes, des universellen Nichtseins (mit Möglichkeiten) fragen – oder aus der Sicht des Todkranken – entkleideten die Frage zudem vom Anspruch auf Dauerhaftigkeit, der ja bereits und auch nur dem Leben zugehört, so möchte auch ein noch so ephemeres Dasein wünschenswert erscheinen.

Wir haben nur als Lebende zu verlieren, vom Standpunkt des Nichts aber, mit dem die Welt begann, bietet sich die Aussicht auf etwas, das es auszuschöpfen gälte.

Vielleicht kann sich selbst ein Melancholiker an der Flüchtigkeit eines Augenblicks erfreuen.

Wir haben nur das Gut unseres ephemeren Daseins, eine kurze, bedrohte und vor allem einmalige Zeitspanne persönlicher Existenz mit einem Bewußtsein von uns: Mehr konnte das Quantenvakuum als Ausgangspunkt der Welt nicht leisten, basta!

Wir wollen, denn sonst wären wir nicht, unser kurzes Leben in aller Kraft der Persönlichkeit illusionsfrei ausschöpfen.

Ebenjener Albert Camus sprach aus, was zu unserem Lebensmotto werden könnte:

„Wir gehören der nicht dauerhaften Welt an. Und alles, was nicht dauerhaft ist – und ausschließlich, was nicht dauerhaft ist, gehört uns!"[47]

Nicht mehr, aber auch nicht weniger!

Und ich bemerke, daß ich mich zu guter Letzt fast selbst in allzu kausale Motive verwickelt hätte.

Zwischenspiel:

Luk. 6, 26: „Weh euch, wenn euch jedermann wohlredet!"
Nun ja, – aber dreimal wehe, wenn überhaupt niemand redet!

Mein Vater, ein in den zwanziger bis vierziger Jahren durchaus
bekannter Theater- und Rundfunkdirigent sowie häufig gespiel-
ter Komponist mußte sich nach dem zweiten Weltkrieg als er,
nach Kiel verschlagen, keine rechte Anstellung mehr fand, mit
Gelegenheitsarbeiten: sporadischen Arrangements für die „Ko-
libri-Bar", der Leitung des Eisenbahnerchores und eines Man-
dolinenorchesters ziemlich verbittert durchschlagen. Des öfteren
kamen bei uns Musikerfreunde zusammen, um – weniger von
alten Zeiten – als vielmehr von einer leuchtenden Zukunft und
endlichen Anerkennung zu schwärmen.
Dabei war der Komponist Wiese: ein dicklicher Typus mit run-
dem Gesicht und Menjoubärtchen und ganz entzückt vom Entwurf seiner neuen Oper: „Wartet´s nur ab, wenn die erst einmal
herauskommt, allein dieses Duett im zweiten Akt ..." ...und eilt
zum Klavier, um einige Töne anzuschlagen und typisch für Kom-
ponisten: mit *krächzender* Stimme, das Duett zu intonieren.
Ebenfalls mit von der Partie der Konzertpianist und Schwarm
aller damaligen Kieler Frauen Willy Kroeger: „Mein nächstes
Konzert wird den Durchbruch bringen!" ...
 – und auch der Komponist Wagner, nicht *der* Wagner natürlich,
obwohl sich auf dessen Grabstein ein an den „Fliegenden Hol-
länder" erinnerndes Segelmotiv findet,
„...vorbei, verweht, nie wieder!"[48]

Ruhelose Seelen: sie alle – voller, nie erfüllter Träume bis hin
zum bitteren Ende eines mehr von steten Hoffnungen, denn von
Wunscherfüllung getragenen Lebens.
Sie haben ihrer tatsächlichen oder vermeintlichen „Berufung"
gelebt; sie haben an sich geglaubt, alles – oder fast alles – auf´s
Spiel gesetzt und sind letztendlich gescheitert: die erwünschte
Bewunderung ist ausgeblieben.

Zwar wird kein ernsthaft Arbeitender vorrangig auf eine äußere
Bestätigung hinarbeiten: Ruhm und Anklang haben jedoch Kon-

takte, Aussprachen, Anregungen im Gefolge; Anerkennung beinhaltet einen Motivationsschub, und so sagt Käthe Kollwitz in
ihrer Biographie sehr zu recht: „Wie schauderhaft muß Künst-
lern zumute sein, die gänzlich ohne Widerhall arbeiten müssen."

Manche setzen nun auf Anerkennung post mortem; da klingt
die hoffende Sicht des Gilgamesch-Epos durch, – ach Du heili-
ges Kanonenrohr!
Erstens überdauert die Nichtanerkennung in der Regel den Exi-
tus dessen, der sie bereits zu Lebzeiten nicht wollte; zweitens
hätten sie selbst nichts davon, von einem hilflosen Movere während des Lebens abgesehen, und drittens sind die Menschen allesamt egozentrisch, was die Art ihres Interesses kennzeichnet:
Wenn sich denn einer mit, sagen wir, Kant befaßt, dann höch-
stens, um zum eigenen Ruhme darzutun, wie gut *er* ihn verstanden habe:

Karajan dirigiert Beethoven!

Blicken denn nicht die Menschen allesamt nur aus dem Winkel
des eigenen Ich auf diese Welt, auf ihre eigene Leistung, aus sich
selbst heraus auf ihr Umfeld?
Es mag bittere Erfahrung sein, mit dem Seinen einen anderen
nur dann erreichen zu können, wenn man irgend etwas aus dessen Ichbereich bestätigt: Nur wendet sich solch ein Satz auch
gegen einen selbst.
Wenn dem aber so ist, wird letztlich alles philosophische Sen-
dungsbewußtsein hinfällig; man reicht nicht eigentlich über sich
hinaus: Wozu sich also quälen?
Und wenn nun doch: zum Lebensende – ein wenig Ruhm, Lob
und Anerkennung auf einen fallen sollte, sind diejenigen, denen
man etwas beweisen wollte, vermutlich längst dahin.

Die letztliche Unzufriedenheit meines Vaters kann ich gut nach-
vollziehen: Gemessen am publico habe ich nichts erreicht bzw.
bei denjenigen, die gemäß gesellschaftlicher Konvention Urteils-
fähigkeit besitzen, keinen Durchlaß gefunden.
Ein Bild und ebenso ein Buch beinhalten eine Aufforderung zur
Auseinandersetzung und wenn diese ausbleibt, fragt man zwangs-

läufig nach den Gründen und vergleicht sich mit anderen: meist zu deren Lasten.

Nun wird eine Leistung quer zum Hauptstrom schwerlich die erwünschte Resonanz finden – da mag einer noch so strampeln: Ein Denker[49] wie ich, dessen Ansichten, indem sie illusionsauflösend und damit trostverneinend wirken, den Menschen also etwas wegzunehmen scheinen, hat kaum Aussicht, Mitstreiter zu finden.

Die Frage wäre, warum man dann daran festhält, schließlich ist das Leben nicht von vornherein allein darauf ausgerichtet, permanente Zurückweisungen ohne größeren psychischen Schaden zu bestehen: Insgesamt geht es wohl darum, eine als solche erkannte Wahrheit weiterzureichen, letztlich unter dem Aspekt, das Zusammenleben zu verbessern.

Meine Philosophie setzt psychische Stabilität voraus: gewiß – und darin liegt zugleich ihre Crux.

Meine eigene Überzeugung löst in mir Ängste aus, und bislang habe ich noch keinen rechten Weg gefunden, aus diesem inneren Zwiespalt herauszutreten.

Es ist eben das eine, eine Erkenntnis auszusprechen, das andere aber, in ihr auch zu leben.

Dem Haupteinwand meiner Kritiker: Es gebe einen Beweger, eine metaphysische Größe, die für uns Menschen allemal unfaßbar sei –, dem Vorwurf, meiner Weltanschauung fehle das Transzendente, ohne das man nicht leben wolle, trete ich mit der Antwort entgegen: Es ist wegen des immensen Schadens, den illusionäres Denken anrichtet. Alle Illusionen gaukeln Erlösung von unseren Ängsten nur zu Konditionen vor, die den „freien Geist" beeinträchtigen!

Ebenso der vorwurfsvollen Frage, ob ich denn gedenke, eine Jüngerschaft von Nihilisten um mich zu scharen; eine Frage, die sich erübrigt, denn wie soll wohl einer in einer emotional gestimmten, auf irrationalen Trostgebungen beharrenden Gesellschaft jemals Jünger einer bemüht hoffnungsfreien Denkweise

---

[49] Meines Wissens ist diese Berufsbezeichnung derzeit rechtlich nicht weiter geschützt.

finden: Tatsächlich bin ich nicht einmal Atheist, denn dies hieße, etwas zu verweigern, was gar nicht ist, noch eigentlich Nihilist, zumindest nicht a priori, bestenfalls a posteriori, will sagen erst, weil eine vorurteilsfreie Beurteilung des Seins nur eine in sich nichtige Welt ergibt.

Beachtenswerter wäre da schon die Einrede, warum sich einer in einer angeblich sinnfreien Welt aufmacht, darüber auch noch Bücher zu schreiben.

Abermals: Es ist wegen des immensen Schadens, den illusionäres Denken anrichtet. Der Mensch urteilt und handelt aus einem Wahn. Insonderheit die Vorstellung einer höheren Macht über uns veranlaßt den religiösen Menschen, die ihm ureigene, originäre Verantwortung für sein Handeln auf die vermeintliche, letztlich zuständige Allmacht abzuschieben.

Mein Zustand entspricht (in etwa) dem von Blaise Pascal, bevor er an der christlichen Botschaft erkrankte: „Wenn ich die Verblendung und das Elend des Menschen sehe, wenn ich das ganze stumme All betrachte und den Menschen ohne Licht, sich selber überlassen und wie verirrt in diesen Winkel des Alls, ohne zu wissen, wer ihn dahin gestellt hat, wozu er dahin gekommen ist, was er werden wird, wenn er stirbt, unfähig zu jeder Erkenntnis – dann gerate ich in Entsetzen, wie ein Mensch, den man schlafend auf eine verlassene und schreckliche Insel gebracht hätte, und der erwachte, ohne zu erkennen, wo er ist, und ohne die Möglichkeit, von dort zu entkommen. Und überdies wundere ich mich, wie man über eine so erbärmliche Lage nicht in Verzweiflung gerät."[50]

Während das „Du" den Kommunikationsprozeß, das Erlernen der Sprache usw., einleitet, vollzieht sich Wahrheitsfindung in der Befreiung vom Treiben der Menschen und damit verbunden in zunehmender Isolierung.

Einsamkeit hat allerdings auch einen nicht zu unterschätzenden Vorzug: Man ist niemandem Rechenschaft schuldig und kann frei von Rücksichtnahmen das als wahr Empfundene bis zum Äußersten vorantreiben.

Zunehmend erlebt man sich als Omega in dieser Gesellschaft und wird sich damit abzufinden haben, ein Urteil über sich und das Werk ausschließlich in sich selbst zu finden, ja man muß geradezu sein eigenes Urteil über das der Gesellschaft stellen, um weitermachen zu können. Es ist wohl die Eigenart des omegalen Menschen, auf Kränkungen nicht mit Rückzug, sondern mit der Kraft der aus der Frustration erwachsenen Aggression mit Nachfragen zu antworten.

Der Wert einer omegalen Leistung bemißt sich schließlich nicht nach dem Beifall, sondern nach dem, was sie für die persönliche Entwicklung bedeutet.

Und es gibt sogar so etwas wie eine innere, trotzige Freude: über einen gelungenen Satz – obwohl von niemandem sonst gelesen, über Gedichte – von niemandem gesprochen, Musik – von niemandem gespielt, Bilder – von niemandem angeschaut.

Das künstlerische Werk:

Kunst vermag durch Farbe und Form, durch Sprache oder Töne sozusagen umweglos auf unsere Psyche einzuwirken.
Aktive, sich selbst einbringende Teilhabe an kraftvoll emotionaler Kunst also könnte uns in die Lage versetzen, unsere Ängste abzubauen und den Kopf von wahrheitsverfälschenden Illusionen freizuhalten, jedoch werfe ich der Kunst meiner Zeit vor, genau jenes diffuse Klima zu bestätigen, das die Basis für den Kampf gegen freies Vernunftdenken liefert.

Ganz intensiv ausgeprägt, ganz unverkennbar ist ein Bedürfnis nach mystisch-mythischer Umdeutung der Realität, nach panpsychistischem Erleben, symptomatisch für eine Gesellschaft, die von sich so gern Aufgeklärtsein annimmt, tatsächlich aber zutiefst archaischen Glaubensgründen verhaftet ist.
Eine Kunst als Partner einer um Eigenständigkeit bemühten Philosophie, als Befreierin des philosophischen Gedankens von emotionalen Vorgaben ist nicht in Sicht oder wird als nicht kunstmarktgerecht zur Seite geschoben.

Im Vordergrund meines Schriftwerkes steht die Sichtweise, aber auch die Stimmungslage des um Illusionsfreiheit bemühten Denkers, sein Verhältnis zum Tode, der für ihn gänzliche und immerwährende Auslöschung des eigenen Selbst: Nimmerwiederkehr – beinhaltet, sein Gestimmtsein zwischen Verzweiflung, empörtem Aufbegehren und Annahme des Unabänderlichen.
Kunst ist mir ein vorwiegend Emotionales, ein inneres Muß, ein stürmender Antrieb in einer Wechselwirkung zum denkerischen Prozeß; sie stammt aus der Kluft zwischen der Anschauung des Seienden und den so anderen Wünschen des Menschen und trägt dazu bei, diese Welt auszuhalten.

Seit Jahren praktiziere ich eine eigenständig entwickelte Gestaltungsart, in der ein auf Holzplatten vorgetragenes Relief aus Erzen und Erden in bildhauerischer Bearbeitung selbständiges, licht- und schattengebendes Ausdruckspotential wird – oft in lebhaft bewegtem, dionysischem Aufgewühltsein und kontra-

punktisch eher elegischer, mehrschichtiger Farbgebung in Acryl-
harz-, Alkydharz- und Ölbindungen.

Vorwiegend verwende ich selbst angemischte Naturfarben: wie
Muskovit Glimmer, Ocker, Umbren, Pariser Blau, Eisenoxide,
Schiefer, Marmorgries, Graphit, China Clay, Grauspießglanz,
Grünspan, Eisenglimmer, Pyrit, Bronzen.

Ich arbeite ausschließlich abstrakt, um der Quintessenz von
Stimmungsgehalten näher zu sein.

Einige meiner Werke befinden sich im öffentlichen Raum: im
Gesundheitsamt der Landeshauptstadt Kiel, in diversen Schul-
gebäuden und verschiedenen kirchlichen Einrichtungen; ich habe
zahlreiche Ausstellungen im In- und Ausland gestaltet resp. an
Gemeinschaftsausstellungen als Mitglied des Kunstforums Kiel
und des Kunstkreises Preetz teilgenommen.

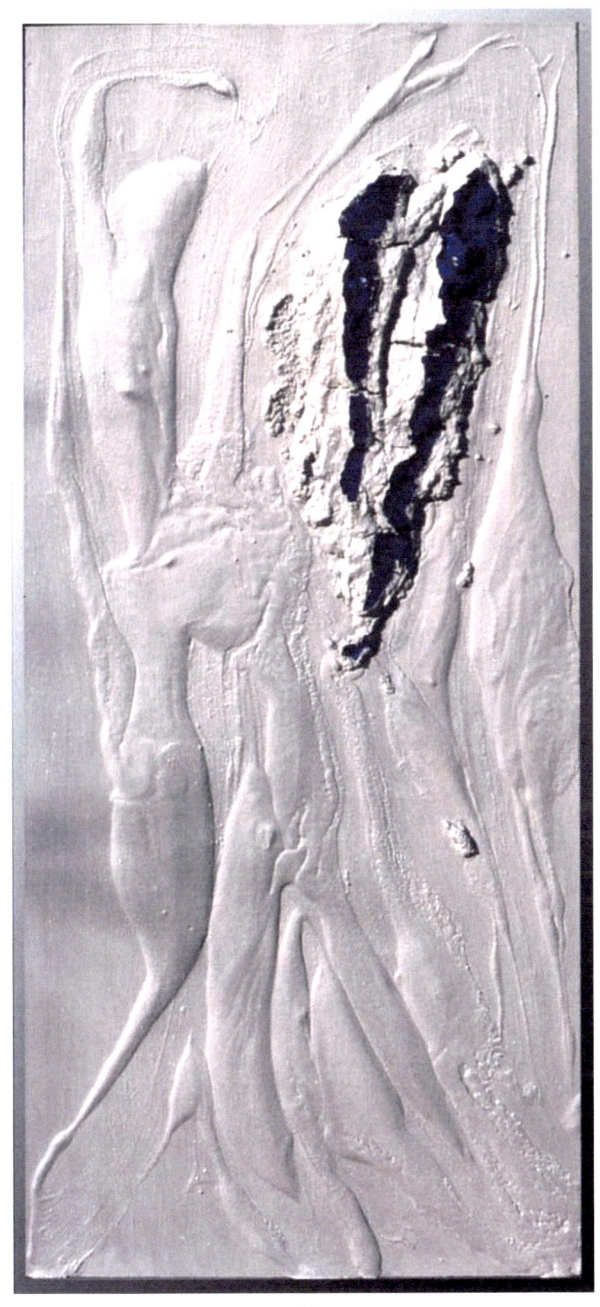

Neues Denken und Epilog:

„Die Welt stellte sich dem frühgriechischen Philosophen als eine Vielfalt dessen dar, was stets in Bewegung und in Veränderung ist. Die Frage, die sich den Denkern stellte, war: Was ist das Bleibende am sich Verändernden, das dem Chaos die harmonische Ordnung gibt, die ja bleibt, obwohl alles neu entsteht, besteht und vergeht? Die griechischen Denker und nach ihnen die gesamte spätere Metaphysik suchten nach dem einheitlichen Wesen von allem, was ist, und nach dem Wesen des Einzelseienden."[51]

Treffender kann man gar nicht kennzeichnen, wie tief doch noch die frühgriechische Philosophie und nach ihr die gesamte Philosophie überhaupt im Mythos stecken.

Dem Chaos die bleibende harmonische Ordnung geben! – gewiß: Nichts erstrebt der Mensch sehnlicher als eine Welt in verstehbarer, also harmonischer Ordnung, bleibend zudem, um sich in seiner Sterblichkeit in ein ihn Überdauerndes einbinden zu können, wenn auch nur metaphysisch. Im Mythos, in den Religionen wird diesem heftigsten Begehren entsprochen, wenn auch nur jenseitig, und die nachfolgende, auf Absoluta gerichtete Philosophie ist nahezu ausnahmslos die Fortsetzung derartiger Wunscherfüllung, nur eben mit rationaleren Mitteln – bis hin zum Hegelschen Weltgeist als Gottesersatz: Jede theologisch oder philosophisch begründete Allmacht aber schwächt, weil letztlich zuständig, die originäre Verantwortung des Menschen für die Erhaltung des von uns allen gewünschten Lebens auf diesem Planeten.

In einem insgesamt unscharfen Universum kann es kein Absolutum geben. Wem gegenüber also sollten wir dienenden Sinnes sein?

Nur nebenbei sei gesagt, daß der Begriff des Absoluten, definiert als der eigentliche Ursprung und letzte Grund allen Seins, als der von der Bestimmung durch anderes losgelöste, nicht hintergehbare, nicht begründungsfähige und nicht begründungsbedürftige Ursprung für das Endliche und Relative[52] bei genauerer Betrachtung wie eine Umschreibung von Nichts und Zufall wirkt – womit man, freilich ohne es recht zu merken, den Kern getroffen hat.

Es heißt, Abschied zu nehmen von all den hoffnungsgeprägten Metabegriffen, mit denen wir Unverstandenes umschreiben bzw. nach atavistischer Methode durch Benennung beschwören.
Die Welt ist: Schluß! –, sie ist seit ca. 13,7 Milliarden Jahren, davor war sie nicht, sie wird noch eine Zeitlang sein, sie ist großenteils völlig lebensfeindlich – und das vollkommen unabhängig von dem, was wir darüber denken: Wir schreiben der Natur nicht das Gesetz vor, sondern sind selbst Natur.

Der Quantenphysiker Anton Zeilinger führt, geradezu konform mit meiner Überzeugung, im letzten Kapitel seines Buches „Einsteins Schleier . Die neue Welt der Quantenphysik"[52] aus:
„Es ist ganz offenkundig sinnlos, nach der Natur der Dinge zu fragen, da eine solche Natur, selbst wenn sie existieren sollte, immer jenseits jeder Erfahrung ist. Man könnte meinen, dass man durch Fragen an die Welt näher an ihre Natur herankommen kann, jedoch ist dies immer mit dem Problem verbunden, dass der Sprung von dem, was gesagt werden kann, zu dem, was wir uns als Wirklichkeit vorstellen, immer etwas Willkürliches an sich hat, immer Annahmen von Eigenschaften, Größen, Systemen, Gegenständen etc. erfordert, die nicht direkt der Erfahrung zugänglich sind."

Soweit klingt dieses Zitat noch ganz nach Kant, hören wir jedoch weiter:
„[...] Ein zentraler Punkt bzw. eine zentrale Frage bleibt: Wenn Information der Urstoff des Universums ist, warum ist diese Information nicht willkürlich? [...]
Eine Welt, die so beschaffen ist, dass die Information, die wir besitzen – und wir besitzen nicht mehr –, offenbar in gewisser Weise auch unabhängig vom Beobachter besteht. [...]
In derselben Weise ist es offenbar so, dass wir die Trennung zwischen Information und Wirklichkeit aufheben müssen. Es macht offenkundig keinen Sinn, über eine Wirklichkeit ohne die Information darüber zu sprechen. Und es ist sinnlos, von Information zu sprechen, ohne dass sich diese auf irgend etwas bezieht. Es wird daher nie möglich sein, zum Kern der Dinge vorzustoßen. Vielmehr erhebt sich statt dessen begründeter Zweifel, ob überhaupt ein solcher Kern der Dinge, der unabhängig von Information ist, tatsächlich existiert. Da er im Prinzip nie nachge-

wiesen werden kann, erübrigt sich letztlich wohl auch die Annahme seiner Existenz."

In Anlehnung an Ludwig Wittgenstein lautet sein Schlußsatz: „Die Welt ist alles, was der Fall ist, und auch alles, was der Fall sein kann."

„Die Welt ist alles, was der Fall ist resp. sein kann": ein Satz, der sich merkwürdig nüchtern, geradezu unphilosophisch anhört – er beinhaltet einen Rückzug von metaphysischer Verbrämung auf den Spatz, den wir in der Hand haben.

Sind wir wirklich so unvermögend zu akzeptieren, daß Nichts als Fundament und Ausgangspunkt der Welt schlicht überfordert wäre, eine tatsächliche, bleibende Wirklichkeit, in die wir uns in unserer Sterblichkeit einbinden könnten, zu schaffen und obendrein auch noch Sinn zu setzen?
Ein anderes als ein nur Flüchtiges ist nicht zu gewärtigen und wir messen falsch, wenn wir unser philosophisches Weltbild an unserer, vom Lebenswillen geprägten Erwartungshaltung orientieren und den Wert der Welt, wie auch den Sinn unseres Lebens an Ewigkeitsmaßstäben ausrichten: Absurd ist ja nicht die Welt, sondern unsere Erwartung an sie!

Wird unsere Existenz, und sei sie noch so flüchtig, nicht eben deshalb zu einer ganz einzigartigen Pretiose?
Kann man denn auch ein scheinbar sinnfreies Leben führen?
Aber ja, wir tun – bei illusionsfreier Betrachtungsweise – ohnehin nichts anderes!
Das Leben bietet – auch ganz ohne Antwort auf die Sinnfrage – herrliche Momente genießenden Rausches oder kontemplativer Stille und lohnt vielleicht allein deswegen schon.

Ich sitze umwärmt von der sinkenden Sonne in einer stillen Ecke des Gartens, rauche eine Pfeife, schaue sinnierend auf eine blühende Scilla ... und denke ihr Ende: In mir schwingt der Herbst und die Musik der Sinti und Roma, in deren Melodien immer auch eine Wehmut mitschwingt: Melancholie ist mir stets ein tiefes Bedürfnis gewesen, bloßer, blauäugiger Optimismus aus sogenanntem positivem Denken seit jeher schlichte Blindheit.

- Wir müssen uns in einer Wirklichkeit begreifen, die nur in sich nichtig sein konnte.

- Wir sollten akzeptieren, daß nicht nur wir selbst in Gänze endlich sind, sondern auch das Ganze selbst endlich ist.

- Wir sollten hinnehmen, daß allem, auch unserer kritischen Vernunft, eine letztliche Unschärfe eigen ist. Angesichts der Unbestimmtheitsrelation erscheint uns die Welt in ihrem tiefsten Kern verschmiert.

- Diese Auffassung beinhaltet kein letztes Schlupfloch für Glaubensreste: Die Wahrscheinlichkeit für die reale Existenz von „Gott, Freiheit und Unsterblichkeit", den drei großen Grundproblemen Kants – ist exakt gleich Null.

- Das Universum ist weder tieferen Sinnes, noch sinnlos, es beschränkt sich darauf, vorübergehend zu sein.

- Unser aller einziges Gut ist unser Bewußtsein von uns in der Welt, verbunden mit der Fähigkeit, den eigenen Willen zumindest mitteilen zu können. Von mir aus gesprochen bin ich ohne ein Bewußtsein nicht und ohne Aktionsfähigkeit sozusagen nur halb.

- Wir verantworten unser Sein selbst, hinter Nichts ist keine höhere Macht, die uns Schuld oder Pflicht diktierte.

Mir ging es darum, so wahrhaftig wie möglich über die Welt zu sprechen, zudem für mich selbst wie für andere auch, Verhaltensweisen aufzuzeigen, die es dem um Illusionsfreiheit Bemühten ermöglichen, sein Leben zu bestehen.

Der gleiche Überlebenswille, dem wir die Entwicklung des Gehirns verdanken, ist der größte Feind illusionsfreier Erkenntnis: Der Tod macht uns allen Angst, bedeutet er doch das gänzliche Erlöschen des Selbst. Angst aber lähmt und hindert uns daran, das, was wir haben: unser Diesseits – kraftvoll wahrzunehmen.

Es geht um die Bewältigung der Angst vor dem Tode durch Einsicht in das, was für gleichsam Nichts möglich war.

Der illusionsfreie Mensch sollte in der Lage sein, sich dem Problem zu stellen, ohne in Scheinwelten oder andere Narkotika auszuweichen. Ebenso nützt es nichts, sein Leben in Unrast und purer Ablenkung zu vergeuden: Wegschauen hilft nicht!

Ich schließe dieses Manuskript ab – in der Hoffnung, gerüttelt zu haben, auf daß ein jeder für sich seine Existenz überdenke und das Seine daraus mache.
Eine befriedende, zugleich illusionsfreie Antwort habe ich wohl nicht gefunden: Wille zum Leben und Wille zum Tode scheinen unvereinbar – aber eben in diesem Gegensatz ist die Welt überhaupt nur!
Das Große ist nicht erreichbar und so versinkt der nachdenklichere Mensch in eine tiefe Melancholie, aus der heraus er sich dem Erreichbaren: den „kleinen Freuden des Lebens" – zuwendet.
Wir brauchen Mut für eine illusionsfreiere Lebenseinstellung; Mut aus dem Gespräch mit Gleichgesinnten: Zwei schiefe Säulen ergeben, im richtigen Winkel zueinander gestellt, eine gewisse Stabilität.
Wenn wir alle recht begriffen haben, daß wir mit unserem Verschwinden nur zurückgeben, was wir als Seiende gewannen, daß unser aller größte Sicherheit eine Wahrscheinlichkeit ist, daß nichts Bleibendes ist: kein Name, kein Werk, kein Besitz –, daß unser aller einzig wirkliches Gut in unserem diesseitigen Bewußtsein liegt – vielleicht resultiert daraus, Schopenhauers Entwurf vom Mit-Leiden entsprechend, ein größeres Zueinander in einer Gemeinsamkeit der morituri.
Im Tode wird gleichviel, wie und wofür, ja sogar, ob einer überhaupt gelebt hat.

Herbst-Licht!

Rendsburg, 2004

Anhang:

Bilderbeschreibung:

Seite 9:
Öl auf Eisenoxid . 90 x 20 cm . 2003

Seite 23:
Graphit in zwei Tonstufen . Acryl . 180 x 110 cm . 1996

Seite 35:
Öl auf Relief . 65 x 170 cm . 1987

Seite 41:
Ölrelief mit Bronzen . 75 x 110 cm . 1992

Seite 47:
Ölrelief mit Bronzen . 80 x 170 cm . 1990

Seite 59:
Öl auf Relief . 85 x 170 cm . 1991

Seite 67:
Graphitrelief mit Elfenbeinschwarz, Pariser Blau und Musko-
witglimmer in Eisenrost . Acryl . 170 x 150 cm . 1998

Seite 75:
Graphit und Pariser Blau . Acryl . 160 x 75 cm . 2003

Seite 79:
Pariser Blau in Zinn . Acryl . 170 x 75 . 2003

Seite 87:
Graphit in zwei Tonstufen, Eisenoxid . Acryl .170 x 75 cm . 2004

[1] Ernst R. Sandvoss: „Geschichte der Philosophie" in zwei Bänden, Band 1, S. 22, dtv wissenschaft, Deutscher Taschenbuch Verlag GmbH & Co. KG, München, 1989

[2] Ein äußerst treffender Ausdruck von Oscar Wilde, mit dem er beschreibt, was Kunst zu leisten vermag, „Das Bildnis des Dorian Gray", Verlag Martin Maschler, Berlin

[3] ISBN 3-8260-1259-3. 109 Seiten . 15,50 EUR . Verlag Königshausen & Neumann, Postfach 6007, 97072 Würzburg

[4] ISBN 3-8260-1577-0 . 98 Seiten . 10,50 EUR, ebenda

[5] „Im Abgrund des Nichts . Philosophische Studie über die Bewältigung der Seinsunsicherheit", zweite, überarbeitete Auflage, ISBN 3-8330-1025-8 . 252 Seiten. 19,90 EUR . Books on Demand, GmbH, Gutenbergring 53, 22848 Norderstedt

[6] Sir Karl R. Popper und Sir John C. Eccles „Das Ich und sein Gehirn", R. Piper GmbH & Co KG, München, 1982

[7] Schopenhauer: „Ueber die vierfache Wurzel des Satzes vom zureichenden Grunde", Haffmans-Ausgabe, Haffmans Verlag AG, Zürich, 1988

[8] Sigmund Freud: „Das Unbehagen in der Kultur"; Zitat bezogen auf die Kunst; Fischer Wissenschaft, Studienausgabe Band IX: Fragen der Gesellschaft, Ursprünge der Religion, Fischer Taschenbuch Verlag GmbH, Frankfurt am Main, 1982

[9] Friedrich Nietzsche: Die Philosophie im tragischen Zeitalter der Griechen, Sämtliche Werke, Band 1, herausgegeben von G. Colli und M. Montinari, München, Berlin, New York, 1980, S. 818

[10] Rowohlt Verlag GmbH, Reinbek bei Hamburg, 1988 und Hoffmann und Campe Verlag, Hamburg, 2001

[11] St. W. Hawking: „Das Universum in der Nußschale", vgl. Anmerkung 10

[13] Vgl. den Artikel „Naturgesetze" in „bild der wissenschaft", 12/2003, Verlag: Konrad Medien GmbH, Leinfelden-Echterdingen

[14] Eine kurze Zusammenfassung der unterschiedlichen Konzeptionen findet sich auch in „bild der wissenschaft", 10/2004

[15] „Der Gegensatz Freud und Jung", Ges. Werke IV, 1939

[16] Zitate aus der Vorrede zur zweiten Auflage der „Kritik der reinen Vernunft"

[17] Ebenda

[18] Entnommen dem Buche „Innenansichten eines Artgenossen" von Hoimar von Ditfurth, Claassen Verlag GmbH, Düsseldorf, 1989

[19] „Wie das Selbst sein Gehirn steuert", R. Piper GmbH & Co KG, München, 1994

[20] Vgl. Anmerkung 6

[21] Siehe Sigmund Freud: „Die Zukunft einer Illusion", vgl. Anmerkung 8

[22] Vgl. das Kapitel „Prinzip Ethik" in meinem Buche „Im Abgrund des Nichts"

[23] Manfred Kühn: „Kant . Eine Biographie", Verlag C. H. Beck oHG, München 2003

[24] Die Mutter der Wissenschaften

[25] Arthur Schopenhauer: „Handschriftlicher Nachlaß"; im Original heißt es „Die Spaaßphilosophen kennen ...".

[26] Nach Peter W. Atkins: „Schöpfung ohne Schöpfer", Rowohlt Taschenbuch   Verlag GmbH, Reinbek bei Hamburg, 1987

[28] „Ueber die vierfache Wurzel des Satzes vom zureichenden Grunde", Haffmans-Ausgabe, Haffmans Verlag AG, Zürich, 1988

[29] Ich sehe von multiplen Persönlichkeiten, schizoiden Zuständen wie auch von der Ichveränderung durch Drogen ab.

[30] „Die Welt als Wille und Vorstellung", zweiter Band, Kapitel 41: „Ueber den Tod und sein Verhältniß zur Unzerstörbarkeit unsers Wesens an sich", vgl. Anmerkung 28

[31] „... und der mithin keinen Antheil mehr an seiner individuellen Erscheinung nimmt, indem in ihm die Erkenntniß den Willen gleichsam verbrannt und verzehrt hat, so daß kein Wille, also keine Sucht nach individualem Daseyn in ihm mehr übrig ist" Hauptwerk „Die Welt als Wille und Vorstellung", zweiter Band, Kapitel 48: „Zur Lehre von der Verneinung des Willens zum Leben, vgl. Anmerkung 28

[32] Ich verweise auf die Schrift: „Psychologie der Massen" von Le Bon, interpretiert und weitergeführt von Sigmund Freud in „Massenpsychologie und Ich-Analyse", Fischer Wissenschaft, vgl. Anmerkung 8

[33] „Das Unbehagen in der Kultur", Fischer Wissenschaft, vgl. Anmerkung 8

[34] „Die Kunst des Alterns", Kreuz Verlag, Stuttgart . Berlin, 1981

[35] Sigmund Freud: „Die Zukunft einer Illusion", Fischer Wisseschaft, vgl. Anmerkung 8

[36] „Der Mensch" aus „Zwischen Gestern und Morgen", Rowohlt Taschenbuch Verlag GmbH, Hamburg, März 1952

[37] Fischer Wissenschaft, vgl. Anmerkung 8

[38] Zitiert nach Gerhard Krüger: "Epikur und die Stoa über das Glück", C. F. Müller Verlag, Heidelberg, 1998

[39] Aus „Der Mythos von Sisyphos . Ein Versuch über das Absurde", Fußnote von Albert Camus; rowohlts deutsche enzyklopädie, 1959

[40] Aus Kurt Tucholsky: „Befürchtung" in „´n Augenblick mal!", Band Nr. 228, Rowohlt Verlag GmbH, Hamburg, 1956

[41] „Parerga und Paralipomena II . Kapitel XV. . Ueber Religion . § 174. Ein Dialog", Haffmans-Ausgabe, Haffmans Verlag AG, Zürich, 1988

[42] Wolfgang von Goethe: „Faust"

[43] „Der Mythos von Sisyphos . Ein Versuch über das Absurde", Kapitel: Die absurde Freiheit/Revolte, vgl. Anmerkung 39

[44] rororo Taschenbuch 671, Rowohlt Taschenbuch Verlag GmbH, Reinbek bei Hamburg

[45] Haffmans-Ausgabe, Erster Band, Haffmans Verlag AG, Zürich

[46] „Die fröhliche Wissenschaft", Wilhelm Goldmann Verlag, München, 1959

[47] Albert Camus: „Tagebücher 1935-1951", Rowohlt Taschenbuch Verlag GmbH, Reinbek bei Hamburg, 1972

[48] Refrain aus dem Gedicht „Augen in der Großstadt" von Kurt Tucholsky: „Zwischen Gestern und Morgen", Rowohlt Taschenbuch Verlag GmbH, Hamburg, 1952

[50] Entnommen aus Wilhelm Weischedel: „Die philosophische Hintertreppe", Deutscher taschenbuch Verlag GmbH & Co. KG, München, 1975

[51] Aus den Anmerkungen zu Aristoteles in „Metzler . Philosophen-lexikon“, J. B. Metzlersche Verlagsbuchhandlung und Carl Ernst Poeschel Verlag GmbH in Stuttgart, 1989

[52] Definition aus Alexander Ulfig: „Lexikon der philosophischen Begriffe“, Bechtermünz Verlag GmbH, Eltville am Rhein, 1993

[53] Verlag C. H. Beck, 2004